中等职业学校饭店服务与管理教材系列

西餐服务

汪蓓静　主编

格致出版社　上海人民出版社

中等职业学校饭店服务与管理教材系列
编写委员会

主　任

王红平（上海市旅游事业管理委员会教育培训处，处长）

王万宁（上海市旅游培训中心，主任）

曹颐华（上海市现代职业技术学校，校长）

执行主编

张杨莉（上海市现代职业技术学校，副校长）

编委会成员

王红平　　王万宁　　曹颐华　　张杨莉　　王肇华　　赵洪声　　陆文婕

周丽勤　　汪蓓静　　许　康　　谢浩萍　　孔新华　　傅国林　　王明珠

总　序

　　随着我国经济建设的迅猛发展和就业人口的不断增加，如何让更多的人通过接受教育特别是职业教育更快更好地上岗就业，成为当前亟待解决的重大问题。为此，国务院总理温家宝在第十届全国人大五次会议上提出，要把发展职业教育放在更加突出的位置，使教育真正成为面向全社会的教育，这是一项重大变革和历史任务。重点发展中等职业教育，健全覆盖城乡的职业教育和培训网络，是今后各级政府部门要做的重要工作。

　　为了贯彻和落实国务院的精神，适应新的社会经济发展的需要，上海市教委所属的上海市中等职业教育课程教材改革办公室针对上海市中等职业教育课程中比较突出的问题，诸如课程与就业关联不够，与就业及工作的相关课程少，教学内容相对滞后，学用不一致明显，学校专业教学还没有完全结合企业的实际需要，与职业资格证书结合不够紧密，没有充分体现中等职业学校学生学习特点等，及时组织全市的中等职业学校的骨干教师，以科学发展观为指导，以就业为导向，以能力为本位，以岗位需要和职业标准为依据，服务于满足学生职业生涯的需求，适应社会经济发展和科技进步的需要，开发和制定了新的专业教学标准，形成了以"任务引领型"为主导的具有上海特色的现代职业教育课程体系。其特点如下：

- ★ 以职业生涯发展为目标明确专业定位。专业定位要立足于学生职业生涯发展，尊重学生基本学习权益，给学生提供多种选择方向，使学生获得个性发展与工作岗位需要相一致的职业能力，为学生的职业生涯发展奠定基础。

- ★ 以工作任务为线索确定课程设置。按照工作任务的逻辑关系设计课程，打破"三段式"

学科课程模式，摆脱学科课程的思想束缚，从岗位需求出发，尽早让学生进入工作实践，实现从学习者到工作者的角色转换。

★ 以职业能力为依据组织课程内容。注重职业情境中实践智慧的养成，培养学生在复杂的工作过程中作出判断并采取行动的综合职业能力。

★ 以典型产品（服务）为载体设计教学活动。按照工作过程设计学习过程，建立工作任务与知识、技能的联系，激发学生的学习兴趣。

★ 以职业技能鉴定为参照强化技能训练。课程标准要涵盖职业标准，要选择社会认可度高、对学生劳动就业有利的职业资格证书，使学生在获得学历证书的同时，能顺利获得相关职业资格证书。

本套教材就是依据新制定的上海市中等职业教育专业教学相关标准编写的，力求体现上海市职业教育课程改革的基本思路与理念，为教师和学生提供一套理论与实践有效结合的适用教材。由于本套教材所具有的探索性和前瞻性，难免还存在这样或那样的不足，恳请工作在职业教育一线的老师和行业专家以及广大学生批评指正。

教材编写委员会

前　　言

在改革开放的今天,外事活动日益频繁,前来中国的外国来宾和外国旅游者不断增多,因此,尊重各国人民的生活习惯,热情友好地做好服务接待工作,就显得十分的重要。《西餐服务》作为中职中专"饭店服务与管理"专业教材之一,是根据上海市中等职业教育课程教材改革办公室颁布的"饭店服务与管理"专业课程标准以及国家职业技能标准及其星级饭店规范标准要求进行编写的。

《西餐服务》一书根据行业专家对西餐厅服务所涵盖岗位群的任务和职业能力的分析,紧密结合职业技能鉴定资格证书考核中对西餐服务的要求,确定本教材的教学模块。同时,采用任务引领、实践导向为教材编写的指导思想,并依据学生的认知规律,按完成西餐服务工作项目的标准要求和操作程序设计教学活动内容,使学生在技能的训练中加深对专业知识和技能的理解和应用。教材中还采用了大量的图片,可以帮助学生在技能的操作过程中进行动作的模仿,教材的活动内容设计具体,具有可操作性。

本教材建议课时数为 72 课时。

本教材由汪蓓静担任主编并承担主要编写工作,胡萍协作辅助编写,在编写过程中得到餐饮界前辈的支持与帮助,在此表示衷心的感谢。

目录

西餐常识

任务与目标

- 掌握西式早、午餐主要膳食品种的种类及套餐菜单膳食品种的构成
- 了解西餐主要菜式风味特点和著名菜点
- 熟悉西餐菜肴的调味汁——沙司的应用
- 知道西餐就餐基本礼仪

活动一　认识西餐膳食

西餐,是欧美各国菜肴的统称。了解西餐餐饮文化,有利于提高自身的修养,也是作为一名西餐厅服务人员所必须了解和掌握的知识。

一、西餐早餐膳食品种

西式早餐大致由果汁水果类、谷类、奶类、面包类、蛋类、肉类、饮料类组成。不同国家和地区的人们的饮食习惯和要求有所不同。

(一)果汁水果类
- 果汁:早餐一般有橙汁、菠萝汁、番茄汁、西柚汁等。
- 加工水果:主要是烩水果,如烩桃子、烩荔枝、烩枇杷等。
- 新鲜水果:主要有西瓜、香蕉、苹果、甜橙等时令水果。

(二)谷类
- 玉米片
- 谷麦片
- 卜卜米
- 燕麦片

(三)奶类
- 普通牛奶
- 脱脂牛奶
- 酸奶

(四)面包
- 吐司
- 羊角面包
- 丹麦面包、杂粮面包

(五)蛋类
- 煮鸡蛋:当客人点煮鸡蛋时,要问客人需要几分钟的。3分钟的是半熟,即蛋白已经熟了,但是蛋黄还没有凝结;如果是7分钟的就是全熟的鸡蛋。在给客人上煮鸡蛋时要用专门的蛋盅,下面要配上底碟,底碟上放一把小匙,同时要配盐和胡椒还有烤面包。
- 煎蛋:煎蛋分三种:单面煎蛋、双面煎嫩蛋、双面煎老蛋。
- 炒蛋:炒蛋是将鸡蛋打散后加入牛奶,在文火上边炒边搅,要求鸡蛋熟,但是没有凝结的硬块颜色是浅黄色。炒蛋通常要搭配烤面包片。
- 水波蛋:即将蛋在沸水中煮至客人需要的成熟度,通常分为1分钟、3分钟和5分钟,通常要搭配烤面包。

● 庵列蛋:又称蛋卷,是在鸡蛋液里放上火腿、洋葱或是蘑菇等肉类或蔬菜,配上奶酪,用文火煎熟,一边煎一面将鸡蛋卷起来。

(六)肉类
- ● 香肠:香肠通常是经过水煮或是油煎,趁热食用。
- ● 火腿:通常火腿是冷食的。
- ● 焙根、熏肉:许多人喜欢把熏肉煎得焦脆再吃。

(七)饮料类
- ● 咖啡
- ● 红茶
- ● 可可

二、西餐早餐套餐种类

西餐早餐主要有三种类型:分别为欧式早餐(也称大陆式早餐)、英式早餐和美式早餐。这三种套餐,可以在一定的范围内视个人爱好自己进行选择搭配,收取固定的费用。

(一)欧式早餐菜单构成
- ● 各种果汁
- ● 面包、牛角包或丹麦甜饼
- ● 黄油、果酱
- ● 咖啡或茶

(二)英式早餐菜单构成
- ● 果汁或水果
- ● 冷或热的谷物食品
- ● 各式鸡蛋或鱼类
- ● 各色面包
- ● 黄油、果酱
- ● 咖啡或茶

(三)美式早餐菜单构成
- ● 果汁或水果
- ● 冷或热的谷物食品
- ● 各式蛋类配以肉食(腌肉、小香肠、火腿等)
- ● 各色面包
- ● 黄油、果酱
- ● 咖啡或茶

三、西餐午晚餐膳食

西餐午晚餐一般由前菜、汤类、副菜、主菜、甜品、咖啡或茶组成。与早餐一样，午晚餐套餐根据套餐价格、就餐性质有多种款式的搭配。通常比较正式的宴会选用上述整套内容。一般来说简易套餐基本选用二、三道菜点组成。即：前菜、汤类、主菜、甜品、咖啡或茶。

（一）前菜

前菜也称开胃品或头盆，即开餐的第一道菜。可分为冷前菜和热前菜两种。

前菜一般多用水果、蔬菜、海鲜、熟肉等制成，配以各种沙司，具有口味清淡、色彩鲜艳、装饰精美、具有特色、分量较少等特点，主要起到让人增加食欲的作用。

比较著名的冷前菜有：鱼子酱、法式鹅肝酱、烟熏三文鱼、虾仁鸡尾杯等；奶油鸡酥盒和焗蜗牛是比较著名的热前菜。

（二）汤

客人未点前菜的情况下，汤就作为第一道菜上。西餐中汤有清汤和浓汤之分，也可分为冷汤、热汤。

清汤的制作工艺十分复杂，是用大量的高品质原材料经过长时间耐心熬煮后过滤而得的，清汤看似澄清寡淡实则味道非常醇厚，是汤中精品。而生活在寒冷地带的人们则喜欢用含有丰富蛋白质和脂肪的浓汤来驱散漫漫长冬带来的寒意。浓汤是在制汤过程中加入一定量的面酪（Roux）和奶油或制成茸状的蔬菜，使汤汁增稠。制成后的浓汤要求表面没有油脂或杂质，口味纯正香滑。清汤和浓汤分别装在不同的汤盆内上桌并搭配使用不同的汤匙。汤也起到开胃的作用，在西餐便餐中有时选择了开胃品就不再用汤或者用汤就不选开胃品。各国比较著名的具有代表性的汤类菜肴有：意式蔬菜汤、俄式罗宋汤、英式牛尾清汤、法式焗洋葱汤、蘑菇浓汤等。冷汤的品种较少，有德式冷汤、俄式冷汤等。

（三）副菜

副菜，也称中盘，通常作为西餐中的第三道菜。

副菜通常选用各种鱼类、虾类及贝类等海鲜作为菜肴的原料。其中白肉鱼和对虾、龙虾最为常用。烹调的方法有：水煮、煎、烤、焖、油炸、铁扒、清蒸等。因为此道菜肴的肉质鲜嫩，比较容易消化，通常放在肉类菜肴的前面。比较著名的副菜有：整条酿馅鳜鱼，焗奶酪蟹盖等。

如在整套菜肴中没有肉类菜肴，副菜也可以作为主菜。在用龙虾、螃蟹等副菜时会用到一些专用餐具。

（四）主菜

主菜是一套西餐菜肴的精华所在，制作考究、装饰精美，既考虑菜肴的色、香、味、形，又注重营养成分搭配。

主菜菜肴中畜肉类菜肴的原料通常取用牛、羊、猪、小牛仔等各个部位的肉，其中最有代表性的是牛肉或牛排。主菜中的禽类菜肴一般取用鸡、鸭、鹅、火鸡等作原料。禽类菜肴除烤火鸡等需整形上桌的菜肴外，一般都去骨烹饪，所以多采用禽类的胸肉及腿肉。比较著名的有:红烩鸭脯、橘子烧野鸭、各式铁排等。

通常还有各种蔬菜作为主菜配菜,常用的有土豆、花椰菜、胡萝卜、芹菜、芦笋、玉米、蘑菇等,蔬菜的烹调方法多样主要是为了突出和配合主菜的口味特色同时兼顾菜肴营养元素的搭配。

(五) 色拉

色拉可放在肉菜后,也可与肉菜同时提供。

色拉主要的种类有生蔬菜色拉及鱼、肉色拉等。和主菜同时服务的色拉,称为生蔬菜色拉,一般用生菜、西红柿、黄瓜、芦笋等制作。鱼、肉、蛋类制作的色拉一般不加味汁,在进餐顺序上可以作为头盘。

(六) 甜品

甜品是西餐中的最后一道菜,分软点、干点、湿点三种。软点大都热吃,例如:煎饼、烤饼、松饼等以早餐供应为主;干点都是冷吃,例如:各类攀、黄油蛋糕、水果馅饼等,通常作为下午茶点;湿点主要有各式冰淇淋、果冻、布丁等,冷热都有,常作为午晚餐的点心。

(七) 咖啡和茶

午、晚餐的咖啡和茶通常在客人用餐完毕后根据客人的要求送上,同时应跟上淡奶和糖。

小提示

西方人饮用咖啡的习惯;通常早晨有选择在早餐前饮用也有选择在早餐后饮用;午、晚餐通常选择在用餐完毕以后再饮用。

小知识

1. 牛排按其部位可分为沙朗牛排(也称西冷牛排)、菲利牛排、"T"骨牛排等。根据牛腩所在部位的肉质的不同采取不同的烹调方式。

2. 与主菜一起上桌的蔬菜配菜的装盘通常按白色、青色、红色从左至右排列。

3. 甜品在西餐中的地位不亚于主菜,笼统地讲它包括主菜后的所有食物,如糕点、冰淇淋、乳酪、水果等,一般分量较小造型美观。根据客人的需要如果要上乳酪的话,一般放在主菜与甜食之间。尽管大多数中国人不习惯乳酪的强烈气味,但对大多数西方人来说乳酪却是一道不可或缺的美食。乳酪的品种多达 500 种以上,发酵时间长短、储存方法以及添加物的不同造就了各种风味迥异的乳酪,最常见的有新鲜乳酪、白霉乳酪、蓝纹乳酪等。乳酪可以直接食用也可以与水果、酒、面包配着吃。

【想一想】

1. 西早餐、西午餐主要膳食品种有哪些？
2. 西早餐、午餐套餐菜单的膳食品种的构成形式是什么？
3. 大陆式、英式、美式三种早餐菜单有哪些不同？

 【英语角】

玉米片	cornflakes	香肠	sausage
谷麦片	cereal	火腿	ham
大米麦片	rice crispy	熏肉	bacon
燕麦粥	oatmeal	咖啡	coffee
普通牛奶	milk	红茶	black tea
脱脂牛奶	skim milk	可可	cocoa
酸奶	yogurts	大陆式早餐	Continental breakfast
吐司	toast	英式早餐	English breakfast
羊角面包	croissants	美式早餐	American breakfast
法式吐司	French toast	乳酪	cheese
煮鸡蛋	boiled egg	前菜	appetizer
煎蛋	fried egg	汤	soup
单面煎蛋	sunny side up	副菜	vice dishes
双面煎嫩蛋	over easy	主菜	entrée/main course
双面煎老蛋	over hard	中盘	middle dishes
炒蛋	scrambled egg	色拉	salad
水波蛋	poached egg	甜品	dessert
煎蛋卷	omelet		

活动二　了解西餐菜式

西餐主要菜式可分为法式、意式、英式、俄式、美式五种，不同的国家由于文化背景、宗教信仰、地理位置的不同而形成了不同的饮食习惯。

一、法式菜

法式菜以精工细致著称，是烹调中的艺术品，讲究营养均衡，菜肴与酒的搭配也追求完美,厨师个人的技艺、思想成为支撑整道菜肴的灵魂。

(一)法式菜的特点

1. 注重原材料的选择。

一般来说西餐在原材料的选择上有一定的局限性,有很多饮食上的禁忌,比如动物的内脏和软体动物,而法式菜肴的选料却非常广泛,用料偏重于牛肉、蔬菜、禽类、海鲜和水果,特别把鹅肥肝、蜗牛、松露、朝鲜蓟、椰树芯等,被列为食品的上好原料。水产大都选用贝壳类和比目类,不太选用无鳞鱼类。

2. 注重食材的鲜嫩。

法国菜注重口感,要求水分充足、质地鲜嫩,菜肴吃得比较生,如牛排只要三至四成熟,烤羊腿只要半熟,而牡蛎一般都是生吃,所以原料一定要鲜活。

3. 注重用酒作调味。

法国人对酒与菜肴的搭配是非常讲究的,什么菜配什么酒都有一定的要求,主要是因为酒的香味更能衬托出菜肴的美味。同样,在烹制食物的时候也是做什么菜用什么酒,比如:清汤用白葡萄酒;海味用白兰地;火鸡用香槟;牛排用红葡萄酒;水果和甜点用利口酒与白兰地等。

4. 注重沙司的使用。

法式菜肴讲究原汁原味,比如做牛肉要用牛大骨熬成的原汁制成的沙司进行调味;做鱼要用鱼骨熬成的汁调味;做鸡肉要用鸡骨熬成的原汁进行调味。有些原汁沙司要熬制 8 个小时以上以保证菜肴的原汁原味。

(二)特色法国菜点介绍

1. 马赛鱼羹。

将切成块的海鱼肉放入用黄油炒香的蔬菜和香料熬制成的鱼骨浓汤里稍煮片刻,再加入煮熟的蛤蜊或明虾。此菜的特色是味浓香醇,鱼肉鲜嫩。

2. 鹅肝。

鹅肝是法国最著名的美食,尽管营养学家认为鹅肝并不符合现代健康饮食,但这一美食依然风靡全球。它与黑松露、鱼子酱并称西餐三大美食珍品。这道美食是使用经过专门挑选而饲养的鹅,将混合了麦、玉米、脂肪和盐的饲料通过特殊方式予以喂食,使鹅摄入大量高热饲料,促使其肝脏生成大量脂肪,直到肝被撑大为止。这些原本 100 克左右的鹅肝经过特殊喂养后一般重达 800～1 000 克。法国鹅肝的吃法,通常是用小火微煎后,佐以波特酒或深色的酱。另一种经过加工处理的吃法也很受欢迎,这种混合了其他材料的鹅肝通常在煮熟后冷却,再切片成冷盘,也可淋上调味酱享用,这就是我们通常说的鹅肝酱。

3. 焗蜗牛。

将专门饲养的优质蜗牛焯水后取肉,蒜、香料、洋葱用黄油炒过之后再塞进蜗牛壳内用黄油封好放入专用焗盘里,用烤箱烤熟,连同原焗盘一起上席,一般一盘半打6个,吃时需要配上专用的进餐工具。

4. 黑松露。

黑松露又名黑菌,是法式西餐中又一经典的美食代表,也是鹅肝的绝顶搭配。黑松生长在有肥沃土壤的松林里,产量稀少且浑身黑色,被厚厚的松针掩盖着非常难被发现,所以人们都利用猪的敏锐嗅觉来发觉这道美味,它的珍贵程度和黄金几乎是等价的,用它烹调出来的美味都带有独特的芳香和极高的营养价值。

(三) 法国主要名菜名点

鹅肝酱、焗蜗牛、牡蛎杯、焗洋葱汤、牛尾清汤、马赛鱼羹、麦西尼鸡、鸡肉酥盒、煎法式山鸡片、法式红烩牛肉、奶油千层酥、草莓挞等。

二、英式菜

(一) 英式菜的特点

英国菜具有油少、口味比较清淡等特点,英国菜烹调时,调料一般只用黄油、盐、胡椒和某些必要的蔬菜香料为主。做菜时很少用酒调味。而在食用时,在餐桌上所有的调味品种类却比较多,通常有醋、辣酱油、番茄沙司、盐、胡椒粉、芥末粉、生菜油等调味料,由客人根据各自的爱好自己动手进行选择调味。

(二) 英国名菜介绍

1. 烤羊马鞍。

羊马鞍即羊的里脊肉,是羊身上最嫩的部位,用猪油混合胡椒粉和盐抹在肉上放入烤箱内烤至八成熟取出,切成薄片浇上沙司上桌。

2. 牛尾浓汤。

牛尾浓汤是最常见的英国菜,用拆去骨的牛尾熟肉加洋葱、番茄酱、胡萝卜、牛肉汤慢炖而成。

3. 烤栗子馅酿火鸡。

它是英国圣诞节餐桌上最重要的一道传统佳肴,是将栗子、鸡蛋、肉末等馅料填入3 500 克左右的火鸡腹中烤制而成,吃时整个上桌,在桌上由主人分派给每位用餐者。

(三) 英国主要名菜名点

牛尾浓汤、奶油蛤蜊汤、茄汁明虾、红烩牛尾、各式铁排、烤羊腿排、烤栗子馅酿火鸡、梅子布丁等。

三、美式菜

美式早餐中的果汁、烘饼、荞麦饼、煎薄饼、蛋糕及其装饰法是特别著名的。各式水果杯、色拉、冷饮品也闻名世界。

（一）美式菜的特点

用水果做原料或配料是美国菜的一大特点，代表菜有：菠萝火腿、苹果酿鹌鹑等，因此菜肴咸中带甜。美国人不喜欢辣味，对色拉特别感兴趣，色拉大多采用新鲜或罐装的水果与土豆、芹菜等相拌和，调料大多用色拉油、沙司和鲜奶油，口味独特，著名的华尔达夫色拉是最具代表性的。

（二）美国名菜介绍

1. 华尔达夫色拉。

它是用熟鸡肉、土豆、芹菜、苹果、鲜奶油，再加沙司拌匀而成的，口味清淡而鲜美。

2. T 骨牛排。

T 骨牛排选用牛腰部带 T 形骨头的牛排肉，去筋拍松以后，再加盐、胡椒粉、油，放在铁扒架上扒，扒至焦黄色，配时令蔬菜和土豆条。

3. 焗丁香火腿。

它是用大约 5 000 克重的整只火腿，烤 2 个小时以上待冷却后，用刀割去外皮，并用刀在火腿上划出相距各 3 厘米的正方形刀痕，再移入烤炉中，用大火烤制片刻，刷上威士忌酒、焦糖和芥末，在刀痕相交处，各按上一粒丁香再移入烤箱焗片刻待焦糖融化即成。这是一道宴会用菜肴，通常先上席供观赏，再由厨师当众分割切片分派。

（三）美国主要名菜名点

蛤蜊浓汤、炸板鱼、烤火鸡、奶油龙虾、铁扒乳鸽、马里兰式炸鸡、苹果攀、火烧冰淇淋等。

四、意式菜

（一）意式菜的特点

在西餐中意大利菜肴的知名度不亚于法国菜，它有着比法国菜更长的历史，与法国菜相比较，意大利菜口味更重。意式菜的烹饪较为简单，调味品单一，红焖和红烩是意大利菜肴最常用的烹饪方法。番茄汁、橄榄油、红花、乳酪等是意大利的特产，所以这些都是在意大利菜肴中经常使用的调味品。

意大利拥有漫长的海岸线，海鲜资源也非常丰富，所以意式海鲜的烹饪也是非常讲究和独特的。其传统的匹萨饼作为快餐遍及欧美各地，甚为有名，意大利的奶酪和沙拉米大香肠也十分有名。

（二）意大利名菜介绍

1. 墨鱼汁面。

实心意大利面煮熟后用新鲜墨鱼汁进行调味，吃时配上加香料炒过的墨鱼肉，此菜面黑肉白，闻上去略带腥味，吃上去却非常鲜美，是一道只有在意大利才能吃到的美味。

2. 匹萨。

用发制过的面饼面上抹上番茄酱等酱料后放上各种蔬菜、肉类,再撒上干酪末放入烤炉内烤至焦黄即成。这是一道意大利的传统面食,有各种口味深受大众的喜爱。

3. 意大利蔬菜汤。

是用白扁豆、青豆、洋葱、芹菜、蒜蓉、火腿等熬制成的菜汤,吃前要在上面撒上帕尔玛奶酪。

(三)意大利主要名菜名点

通心粉蔬菜汤、奶酪焗通心粉、焗馄饨、意大利菜汤、铁扒干贝、焗肉酱玉米面布丁、奶酪匹萨等。

五、俄式菜

(一)俄式菜的特点

俄罗斯地处寒冷的西伯利亚地区,所以饮食习惯深受地理环境和气候条件的影响,菜肴口味比较厚重、脂肪含量高,由于调味中喜欢使用酸奶油,所以酸、甜也是俄罗斯菜肴的口味特色。由于气候条件恶劣,所以俄罗斯人习惯在秋天制作大量的腌菜在寒冷而漫长的冬天食用,酸黄瓜、酸白菜、酸萝卜都是著名的俄罗斯腌菜,而这些又是俄罗斯菜的必备配菜。

(二)俄罗斯名菜简介

1. 鱼子酱。

鱼子酱分为红鱼子酱和黑鱼子酱,红鱼子酱是用鲑鱼卵加工制成的,颜色是透明的橘红色,颗粒大,大的直径可达 5 毫米;黑鱼子酱是由鲟鱼卵制成的,颜色为灰黑色,颗粒小,直径一般在 2 毫米左右。由于鲟鱼生长期漫长,性成熟迟,一般一条雌性鲟鱼要十年左右才能产卵,所以黑鱼子酱的产量很低,价格也较红鱼子酱昂贵许多,每 1 000克要卖到人民币大约 3 万元左右,可谓一口鱼子一口金。鱼子酱之所以名贵,还在于制作过程的繁琐。在俄罗斯,鱼子是在鱼死前取出的,在捕捞到鲟鱼后不能将鱼杀死,只能使它昏迷,然后接连在 15 分钟内完成 12 道手续,如在取出鱼卵之后迅速筛滤、清洗、沥干,开始一连串如同酿制葡萄酒般、需要高度技巧的美食加工步骤,否则会影响到鱼子酱的品质和风味。越好的鱼子酱所添加的盐分越少,按照俄罗斯的标准,盐分低于5%才能标示"Malossol"(俄文:低盐分)。

2. 罗宋汤。

又名红菜汤,是用洋葱、番茄、蒜头、面粉分别用油炒香后加入牛肉汤和牛肉煮成浓汤,再加入红菜头和酸奶油熬制而成,此汤口味香浓,略带酸味十分可口。

3. 酸黄瓜。

酸黄瓜是一种深受各国人民喜爱的小食品,一般用作菜肴的配菜、调味或是快餐中与面包肉类搭配。酸黄瓜一般有两种,一种是用个小无籽的嫩黄瓜制成,另一种用粗壮的短黄瓜制成,将新鲜洗净的黄瓜装入小口的酒坛内,放入香料包,灌入冷盐水压上重物不让黄瓜漂起来,用石膏封口,腌制 2 个月才能食用。

(三)俄罗斯主要名菜名点

　　鱼子酱、红菜汤、烤鱼、白脱鸡卷、红烩牛肉、什锦冷盘、酸黄瓜汤、冷苹果汤、鱼肉包子等。

 小知识

1. 法国菜是西菜中最有地位的菜,法国人也以自己的烹饪技术而自豪,称它为西方文化最亮的明珠。
2. 英国人最喜欢的烹饪方法是煮、烤、煎、铁扒。煮和铁扒更普遍,特别是牛肉,喜用大块烹制,尔后切片或切块食用。英国人对羊肉和野味更感兴趣,家禽和野味大都是整只或大块地烧烤,并喜爱在腹内塞馅(即 stuffing),如以栗子肉酿馅的烤火鸡,就是在传统圣诞大菜中必备的。
3. 美式菜以英式菜为基础,但烹调方法有所发展,有所变更。由于美国是个移民大国,所以英国菜到美国之后在口味上发生了很多变化,变得能为更多的人所喜爱。铁扒一类的菜在美国较为普遍,特别是各种牛排,如 T 骨牛排、菠萝火腿排等。
4. 意大利人喜欢各种面食,仅面条一类就有通心粉、实心粉等。可做成各种形状和不同种类的食品,其中有专供做汤的,有供煮的和焗的,也有供包馅的。此外,各式馄饨也是意大利的面食特色。

 【想一想】

　　西餐菜式的主要菜式有哪些?它们各有何特点?各自又有哪些著名的代表菜呢?

 【试一试】

　　请你根据不同西餐菜式开一份西餐的菜单。

 【英语角】

马赛鱼羹	bouilabaisse	焗蜗牛	baked snail
鹅肝	goose liver	黑松露	truffle

牛尾浓汤	potage ox-tail	鱼子酱	caviar
烤栗子馅	roasted chestnuts	烧烤	roast
酿火鸡	roast turkey	汤	soup
华尔达夫色拉	Waldorf salad	浓汤	potage
T 骨牛排	T-bone steak	罗宋汤	borscht
丁香焗火腿	clove baked York Ham	帕尔玛奶酪	Parmesan cheese
牛肉	beef	意大利面食(通称)	pasta
猪肉	pork	意大利通心粉	spaghetti
酸黄瓜	pickled cucumber	匹萨	pizza
泡菜	pickle		

活动三　了解西餐菜肴的调味汁——沙司

沙司即西式酱汁,是西餐菜肴调味汁的总称。

一、适用于开胃菜色拉的沙司

名　称	特　点	用　途
奶油沙司 (Béchamel Sauce)	乳白色,脂肪含量高,奶香浓郁	常用于海鲜色拉
色拉油沙司 (Mayonnaise Sauce)	为清亮的色拉油加入香料及调味料调制而成,酱状浓缩制品,具有浓郁味道	一般用于蔬菜色拉
白沙司 (White Sauce)	奶油沙司的一种,脂肪含量相对较低,是色拉中最常用的一种调味沙司	适用于各种色拉
千岛沙司 (Thousand Islands Sauce)	淡橘色带深色小颗粒,口味略酸微甜	常用于海鲜色拉
蛋黄沙司 (Yolk Sauce)	用蛋黄、盐、芥末、醋搅拌而成,颜色奶黄带鸡蛋香味	一般用于蔬菜色拉
醋沙司 (Vinegar Sauce)	用醋、油、芥末、胡椒混合而成,酱汁色深	一般用于蔬菜色拉
苹果沙司 (Apple Sauce)	味甜,是热沙司的一种	有浓浓的苹果香味,适用于水果色拉

二、适用于主菜、副菜的沙司

名　称	制　作　过　程	用　途
鞑靼沙司 （Tartar Sauce）	在色拉酱里加入白煮蛋蛋黄、蒿菜、洋葱、酸黄瓜、芹菜等调成	适用于极鲜嫩的生牛肉和海鲜
诺曼底汁 （Normandy Sauce）	以鱼骨高汤加入牡蛎、蘑菇的汁液、生奶油、蛋黄等调配而成,奶黄色、味浓	适用于海鲜类菜肴
培西沙司 （Bercy Sauce）	在鱼骨高汤中加入白酒、奶油、青葱芹菜等熬煮而成,色黄、鲜美	适用于海鲜菜肴
红酒沙司 （Bordelaise Sauce）	在用小牛肉熬成的汤汁内加入红葱头、洋葱和大蒜爆香后,撒入面粉,再加入红葡萄酒做成。色红,酒香浓郁	适用于牛排
德国风味沙司 （Allemande Sauce）	以鸡的肝脏、凤尾鱼、荷兰芹等为原料调制而成	适用于羊肉、牛肉等红肉
奶油鸡高汤沙司 （Supreme Sauce）	在鸡高汤熬煮成的酱汁内,加入蘑菇和奶油调配而成	非常适合搭配鸡肉菜肴
美国沙司 （American Sauce）	在用鱼骨熬成的高汤中加入番茄、洋葱、芹菜和虾油调制成的白沙司,口味香浓	适用于海鲜菜肴

三、餐桌上的调味品

名　称	用　途
瓶装番茄酱 （Ketchup）	用于油炸类菜肴
黑胡椒、盐 （Black Pepper；Salt）	视个人喜好添加
醋 （Balsamic Vinegar）	视个人喜好添加
橄榄油 （Oliver Oil）	一般用于蔬菜色拉和米饭
芥末 （Mustard）	常用于牛肉类菜肴
辣椒籽辣汁 （Tabasco）	常用于匹萨等咸味点心
A1 酱汁 （A1 Sauce）	用于牛、羊排菜肴
烧烤汁 （B. B. Q Sauce）	用于烧烤类菜肴
辣酱油 （Worcestershire）	用于肉类、鱼类或禽类菜肴

名　称	用　途
枫叶糖浆 （Maple Syrup）	用于甜食
淡奶 （Evaporated Milk）	用于甜食、咖啡、红茶等
巧克力酱 （Chocolate Syrup）	用于甜食、巧克力饮料

 **小知识**

沙司的种类很多，有各种口味，主要分成冷沙司、热沙司，冷沙司用于冷菜，热沙司用于热菜。一般都用肉类清汤、蔬菜、奶油、酸奶油、牛奶和香料等调制。原则上说，菜肴是浅色的就用浅色的沙司，菜肴是深色的就用深色的沙司。

 【想一想】

1. 哪些沙司可以分别用来搭配肉类和海鲜菜肴？
2. 沙司如何分类？它们各自的口味特点是什么？

 【练一练】

说出常用沙司的英文名称。

 【英语角】

沙司	sauce	橄榄油	oliver oil
蛋黄	yolk	芥末	mustard
醋	vinegar	烧烤	B. B. Q
薄荷	mint	辣酱油	worcestershire
凤尾鱼	anchovy	糖浆	syrup
番茄沙司	ketchup	淡奶	evaporated milk
盐	salt	巧克力	chocolate

活动四　了解西餐礼仪

作为一名西餐厅的服务人员,要为客人提供优质的西餐服务,就必须了解和懂得西餐礼仪,这样才能在服务中有的放矢地为客人提供尽善尽美的服务。

一、餐前礼仪

1. 穿着正装,高档西餐厅提供给客人一个优雅而华贵的进餐场合,过于随便的穿着会影响西餐厅的大环境降低西餐厅档次。

2. 女士优先(lady first)。在西方国家男士对女士的尊重和照顾被看作是良好教养的表现,所以在交际场合处处体现出女士优先的原则。例如:在进入餐厅时男士应为女士拉门,请女士先走;而进入餐厅后男士也应照顾女士脱挂大衣并为女士拉椅,照顾女士入座;点菜时请女士先点,如代为点菜则应征求女士意见;在用餐完毕离开餐厅时,男士应先给女士拉椅并照顾女士穿大衣。而受到男士悉心照顾的女士也应落落大方地接受男士的照顾并及时点头致谢方不失礼。所以我们服务人员在服务时也要注意遵循女士优先的原则,并能适时地配合男宾照顾好女士。

3. 用餐时客人的手提包一般放在自己左脚边(因为右边是服务人员的服务位置,如果放在右脚边会妨碍服务人员的工作)。小型的女士手袋可以放在桌上,如比较大的包则应该交给服务人员寄存。所以服务人员在接待客人入座时可以适时地给客人以指点。

4. 餐巾是给客人在就餐过程中擦嘴之用,服务员为客人铺设餐巾时应将餐巾对折后平铺在客人的腿上而不要挂在脖子上,也不要用盘子压住。当客人临时起身离开餐桌时,服务员应帮助客人将餐巾重新简单折叠后放在客人左手边餐桌上。

二、进餐礼仪

1. 喝汤。进餐时嘴里发出响声在任何时候都是粗鲁并缺乏教养的表现,尤其是在喝汤时,不要吸着喝,如果汤太烫了,请不要用嘴对着汤吹气,可静等片刻等汤凉一点再喝,喝汤时汤匙进口,不要横着喝汤而要将匙较尖部分送进口,喝汤快尽时,用左手将汤盆朝外向倾斜盛汤,不要将汤盆朝怀内倾斜,以防将汤弄到自己的身上或影响左右的客人。

2. 吃面包。西餐中早餐一般用吐司,午晚餐用罗尔,在吃面包时一般不直接把面包放在嘴里咬着吃,也不能用刀切,而是用手将面包撕下来放进嘴里,抹黄油和果酱也应先将面包掰成小块再抹,不能将刀送入口中。

3. 吃牛排。在吃牛排等大块原料做成的菜肴时,应该将食物切成可以一口吃下去的大小,不要一口气把一整块食物都切掉,因为这样一来食物容易冷,二来如牛排这类食物美味的肉汁就流掉了而影响口味,应该从左至右、切一块吃一块。

4. 餐具落地。如果在用餐过程中手中的餐具不慎掉到地上,作为客人,不要亲自弯腰拣拾应召唤服务员更换新的餐具。而作为一名服务员看见了就应立即主动上前拣起并更换,不要等到客人召唤了才拣。

5. 传递物品。如果要用桌上的调味等物品又够不到的话,不要站起身子伸长手去够,而应该请一同进餐的人或服务员传递一下。一般餐桌调味品两位客人一套。

6. 说话。在西餐厅不能大声喧哗或召唤他人,嘴里有食物时不开口说话,应该等嘴里的食物都咽下去再讲话。否则会被示为没礼貌,缺少修养。通常在说话和喝酒前要用餐巾擦一下嘴。

7. 用餐。尽量避免刀叉与餐盘的撞击声音,每次送入口中的食物不宜过多,不能用刀子送食物进嘴里。使用刀叉时要左手持叉右手持刀,刀刃应向里,在不用刀时也可以右手持叉,说话时不可以用刀叉指向他人。在进餐过程中的暂时停顿(如饮酒、讲话等)刀叉应在盘边摆成"八"字形,表示等一会还要接着吃,如果已经吃完了或不想再吃下去了应该将刀叉交叉或平行放在盘子中央,这时服务员会上前收走盘子。

表示继续用餐

表示用餐完毕

8. 饮酒。用高脚玻璃杯饮酒时不要用整个手掌紧握杯身,这样会显得紧张,而且杯子上会留下许多手印,很不雅观,应该用三个手指优雅地托住杯子的下半部分露出大多数的杯身,这样就可以欣赏到酒液的颜色以及香槟酒上升着的漂亮的气泡。同时在饮酒前应确保嘴里的食物已经全部咽下。

9. 由于在西方人看来将吃进嘴里的东西再吐出来,是餐桌上一种极为不雅甚至是粗鲁的行为,所以,凡带骨的菜肴一般都在入口前将骨头小心剔掉,如果不小心将骨头吃进嘴里,应用餐巾遮住口部,将骨头吐在叉上或放在餐盘一边才不显失礼。

三、餐后礼仪

1. 用餐完毕后女士在桌旁补装或照镜子是不合适的,应该去洗手间补装。而吸烟不仅危害健康,而且会污染整个餐厅的空气,所以目前在大多数西餐厅都是被禁止的。

2. 用餐完毕后男士要照顾同桌的女士先行离席,同时要为女士留意是否有遗留物品。

 **小提示**

西餐服务讲究"女士优先",所以要先为女士服务,再为男士服务。如女士有同行的男士照顾时,服务员要为男士提供方便。

 **动动脑**

小李在为一桌两位客人服务时发现其中的一位已经用餐完毕,就上前收走了客人面前的空盘,但是客人却露出了不悦的神色,这是为什么呢?

测 试 题

一、判断题(下列判断正确的请打"√",错误的打"×")

1. 鹅肝酱、烟熏三文鱼、虾仁鸡尾杯都是前菜。 （   ）

2. 在没有肉类菜肴的情况下,副菜也可以作为主菜。 （   ）

3. T骨牛排是牛身上肉质最好的部位。 （   ）

4. 意大利蔬菜汤是全部用蔬菜原料制作而成的汤。 （   ）

5. 用酒做调味是法国菜肴的特色之一。 （   ）

6. 鹅肥肝是一道典型的法国美食。 （   ）

7. 匹萨是著名的美国面食。 （ 　 ）

8. 咖喱沙司主要适用于海鲜类菜肴。 （ 　 ）

9. 鳀鱼沙司主要适用于海鲜类菜肴。 （ 　 ）

10. "铁扒"是一种烹饪的方法。 （ 　 ）

11. 将刀叉呈"八"字形搭在盘子两侧，表明已经吃完，暗示服务员可以收走盘子。

（ 　 ）

12. 蔬菜配料的装盘通常按白色、青色、红色从左至右排列。 （ 　 ）

二、单选题

1. 西餐中的第一道菜肴通常是_____。
   A. 开胃菜　　　　　B. 汤　　　　　　C. 副菜　　　　　D. 主菜

2. 西餐菜肴中的精华所在指的是_____。
   A. 副菜　　　　　　B. 主菜　　　　　C. 汤　　　　　　D. 甜点

3. 一般鱼类、贝类、虾类等海鲜常在_____中出现较多。
   A. 汤　　　　　　　B. 开胃菜　　　　C. 主菜　　　　　D. 副菜

4. 以下不符合法国菜的特点是_____。
   A. 注重原材料的选择　　　　　　B. 注重食材的鲜嫩程度
   C. 在菜肴制作过程中很少用到酒　　D. 注重沙司的使用

5. 世界三大美食珍品不包括_____。
   A. 松露　　　　　　B. 鹅肥肝　　　　C. 龙虾　　　　　D. 鱼子酱

6. 焗蜗牛是_____的特色菜肴。
   A. 法国　　　　　　B. 英国　　　　　C. 意大利　　　　D. 美国

7. 烤栗子馅酿火鸡是_____的特色菜肴。
   A. 法国　　　　　　B. 英国　　　　　C. 意大利　　　　D. 美国

8. 鱼子酱是_____的特色美食。
   A. 法国　　　　　　B. 英国　　　　　C. 意大利　　　　D. 俄罗斯

9. 属于美国名菜的是_____。
   A. 马赛鱼羹　　　B. 华尔达夫色拉　　C. 牛尾浓汤　　　D. T骨牛排

10. 适合于烹制牛排的沙司是_____。
    A. 番茄沙司　　　B. 胡椒沙司　　　C. 奶酪沙司　　　D. 鳀鱼沙司

11. 口味略带酸甜，为淡橘色并带有深色颗粒的沙司是_____。
    A. 白沙司　　　　B. 蛋黄沙司　　　C. 色拉油沙司　　D. 千岛沙司

12. 薄荷沙司适用于_____。
    A. 羊排　　　　　　B. 甜食　　　　　C. 海鲜　　　　　D. 牛排

西餐餐台布置

任务与目标

- 知道西餐各类餐具、酒具的用途
- 学会餐厅台布的更换方法
- 掌握餐巾折叠盆花的技法和摆放的要求
- 能够进行西餐早餐、午晚餐零点餐台和宴
  会餐台的铺设

活动一　认识餐具、酒具和服务用具

西餐厅餐具通常可分为三大类:金属餐具、玻璃器皿和瓷器。根据餐厅档次的不同选用不同质地的餐具。这里主要介绍西餐厅中常用餐具、酒具和餐盘等。

一、常用餐具

1. 餐刀、餐叉(大刀、大叉)。配套一起使用,主要用于食用西餐中的除海味之外的所有主菜。

2. 沙拉刀、沙拉叉(小刀、小叉)。配套一起使用,主要用于食用开胃菜、沙拉、甜品、水果用。

3. 鱼刀、鱼叉。配套一起使用,主要用于食用除开胃小吃或需要其他锋利的刀以外的所有鱼类、海鲜类菜肴。

4. 牛排刀。用于切割牛肉,比餐刀锋利,有明显的锯齿状刀叉。

5. 黄油刀。用于切黄油和将黄油、果酱刮涂在面包上。

6. 圆汤匙。用于食用浓汤类菜肴。

7. 大餐匙。用于食用清汤类菜肴,亦可当服务匙用。

8. 点心叉、点心匙。用于食用甜品、蛋糕等。

9. 茶、咖啡匙。用于搅拌茶、咖啡用,略小于点心匙。

10. 淇淋匙。前端平齐的小匙,吃冰淇淋专用。

11. 长柄匙。匙柄特别长,用于搅拌冰茶、冰咖啡或食用圣代冰淇淋。

12. 服务叉、服务匙。服务叉、匙的使用须注意大小要配套,一般使用大号的餐叉、匙,用作桌边分菜服务。

二、基本餐盘

1. 餐盘。直径25厘米,用作摆台的摆放盘,也可用作大盘(主餐盘),用于盛装主菜用。有时也在服务时作底碟用。

2. 面包盘。直径15厘米,用于盛装面包、芝士、水果、蛋糕。

3. 甜品盘。直径18厘米,用于盛装各类甜品。

4. 鱼盘。直径20厘米,用于盛装鱼类菜肴。

5. 汤碗。直径20厘米,用于盛装浓汤,亦可作粥类碗,在早餐用作燕麦片碗或面食碗。

6. 清汤碗与底碟。用于装清汤,注意须与相称的底碟配套使用。

7. 蛋盅。用于装白煮蛋。

三、常用酒杯

1. 水杯。是各类玻璃杯中使用最多的,主要适用于盛装各类饮料、啤酒、冰水等。形状可分为一般水杯和高脚水杯,通常点菜和宴会铺台都要使用此杯。

2. 红葡萄酒杯。主要适用于盛装红葡萄酒,其高脚酒杯的形状,既可避免手部高温接触杯身影响品质,又便于品酒时的嗅觉及视觉的鉴赏。常用于点菜和宴会铺台上摆放。

3. 白葡萄酒杯。主要适用于盛装白葡萄酒,其形状类似其红葡萄酒杯,但杯身和容量都比红葡萄酒杯略小些。

4. 香槟酒杯。主要适用于盛装香槟、气泡酒,常见香槟酒杯有两种款式。一种为浅碟形,另一种是郁金香形香槟酒杯,这种酒杯能使香槟酒特有的气泡更好地显示出来,而且能使香槟酒的发泡时间更长一些。

5. 鸡尾酒杯。主要适用于盛装各类鸡尾酒,具有多种造型,常见的有 V 形鸡尾酒杯和细颈鸡尾酒杯,大小也很不一样,一般的鸡尾酒杯能装 120～150 克酒。

6. 白兰地杯。主要适用于盛装白兰地,其杯身较特别,杯肚较大,杯口较小。

7. 果汁杯。又名求司杯。主要适用于盛装各类果汁、冰红茶等,常用于自助早餐餐台上的摆放。

8. 柯林杯。主要适用于盛装各类 Long Drinks(长饮)鸡尾酒。

9. 啤酒杯。主要适用于盛装啤酒,一般设计为可倒入一罐或小瓶啤酒为其容量。

10. 高球杯(海柏杯、开波杯)。主要适用于盛装各类碳酸饮料及鸡尾酒。

11. 古典酒杯(老式酒杯、传统酒杯)。酒杯造型平底、宽口、直身,主要适用于盛装加冰块的威士忌酒或特殊鸡尾酒。

12. 纯饮杯(短饮杯)。喝烈酒所使用的小酒杯,适合纯饮烈酒。

13. 巴德酒杯。适用于盛装巴德酒(一种常用的甜酒)。

14. 雪利酒杯、波特酒杯。用来饮用强化酒精的葡萄酒 Sherry 和 Port 的专用酒杯。多用于西餐宴会中。

15. 马克杯。主要适用于盛装生啤酒。此杯体积较大,其盛酒容量也较多,杯也比较敦厚、结实。

 小提示

作为一名西餐服务员,不仅要认识西餐中常用的各种餐具,还要学会储存和保养各类餐具。例如,玻璃餐具在清洗后要立即倒置烘干,在放置到储藏架上前服务员要把每一个玻璃杯用干净餐巾擦亮,在擦玻璃杯时可以准备一暖瓶的热水在边上,将杯口罩在暖瓶口会更容易擦干净。又如银质餐具最好在泡有柠檬片的热水中浸泡片刻再擦,同时在擦的过程中要始终用餐具包裹住银质餐具,不能用手直接接触,这样银质餐具才能被擦得很亮。

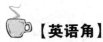【英语角】

主菜刀	dinner knife	汤盆	soup plate
主菜叉	dinner fork	汤盅	tureen
汤匙	soup spoon	汤杯	soup cup
头盆刀	starter knife	开胃品盘	starter plate
头盆叉	starter fork	甜点盘	dessert plate
甜品叉	dessert fork	面包盘	bread plate
甜品匙	dessert spoon	黄油碟	butter dish
黄油刀	butter knife	装饰盘	service plate
鱼刀	fish knife	咖啡具	coffee set
鱼叉	fish fork	咖啡杯	coffee cup
服务叉	service fork	咖啡匙	coffee spoon
服务匙	service spoon	玻璃器皿	glass ware
牛排刀	steak knife	冰水壶	pitcher
糖夹	sugar tong	葡萄酒篮	wine basket
冰夹	ice tong	冰水杯	ice water glass
开瓶器	bottle opener	白葡萄酒杯	white wine glass
开塞器	corkscrew	红葡萄酒杯	red wine glass
主菜盆	main course plate	香槟杯	champagne glass

活动二　折餐巾花

一、餐巾与餐巾折花

1. 餐巾是宾客就餐时的一种保洁用品。是宾客在用餐时用来擦嘴,或插在衣襟上、摊在腿膝上避免汤汁、油污及酒水的滴洒沾污衣服。

2. 餐巾折花可以烘托餐台布置气氛。将餐巾折叠成各种不同的餐巾花型,不仅能美化餐台,还能渲染与烘托宴席的气氛,在此同时使宾客充分得到精神上的享受。

3. 运用不同餐巾花型的摆放,可标出同一餐桌上宾主的席位。在折叠餐巾花时选择好主人、主宾的花型,主人、副主人的花型应高于其他宾客的花型的高度以示尊客。

二、餐巾花的折叠

西餐餐巾花的折叠多采用盆花,一般折叠比较简单花型,叠、折、卷、捏是用得比较

22

多的技法,下面介绍八款盆花花型。

(一) 企鹅漫步

1. 将餐巾对角折叠,并成倒三角形摆放。
2. 将三角形的两个角向下折叠,对正三角形的另一个角,成菱形。
3. 将菱形的上面一个角固定一点,菱形左右两个角向中间缝线折叠。
4. 再两边对折并两边对齐,同时将下半部分餐巾翻起,捏鸟头。
5. 稍加整理即成企鹅。

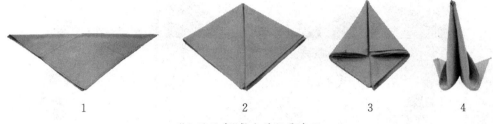

1　　　2　　　3　　　4

"企鹅漫步"餐巾花折叠步骤

(二) 主教圣帽

1. 将餐巾对折成长方形,在长方形的上下各取一个中心点。
2. 左下角向上折至中心点,右上角向下至中心点。
3. 将餐巾翻面,下边对正上边对折,右边三角形不动,拉出左边的三角形。
4. 将左边三角形对角折叠,放入右边三角形的折缝中。
5. 再将餐巾翻面,同法将右边三角形对角折叠,放入左边三角形的折缝中。
6. 将下面部分撑开成圆形状,即成主教圣帽。

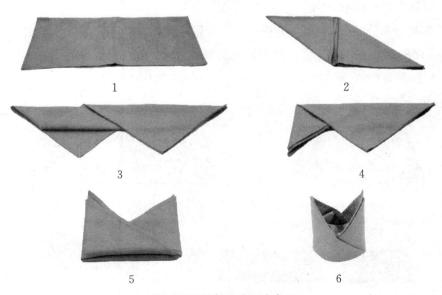

1　　　　　　2

3　　　　　　4

5　　　　　　6

"主教圣帽"餐巾花折叠步骤

（三）祝寿蜡烛

1. 将餐巾对角折叠，并成正三角形摆放。
2. 将下边向上折叠 3 厘米宽边。
3. 将餐巾翻面，先折三分之一，再将其余部分全部卷完。
4. 将留下的一角插入夹层内。
5. 把外面的一层翻下，稍加整理并略加固定即成祝寿蜡烛。

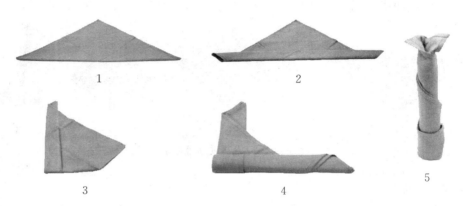

"祝寿蜡烛"餐巾花折叠步骤

（四）扇面送爽

1. 打开餐巾，反面朝上。
2. 将左右两边的餐巾向中缝线对起折叠，折成四分之一长方条。
3. 将长方条状餐巾向同一个方向再对折。
4. 将餐巾竖向摆放，再以一正一反分成八等分。
5. 将双层部分向上，下半部分握于手中，用右手大拇指与食指将内层的餐巾向外拉翻折成直角，翻一面，同样将餐巾向外拉翻折成直角。
6. 将折叠好的餐巾用劲压一下，打开并稍加整理即成扇面送爽。

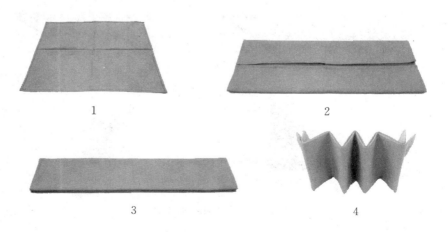

5   6

"扇面送爽"餐巾花折叠步骤

（五）水仙盆景

1. 餐巾成正方折叠。
2. 将餐巾的四片巾角部分转至下面,然后将其向上翻折成三角形。
3. 固定顶部一点,将餐巾向里中缝线对齐折叠。
4. 将底部突出部分餐巾向后、向上折叠。
5. 将两边的下半部分向下对折后捏于左手。
6. 右手将四层巾角拉成不同的角度。稍加整理即成水仙盆景。

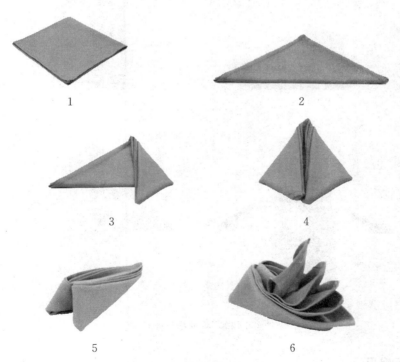

"水仙盆景"餐巾花折叠步骤

（六）兔耳仙客

1. 将餐巾对角折叠,并成正三角形摆放。
2. 将正三角形的两个角往上折,对正另一个角,成菱形。

3. 将三角形下面的角向上折后再向下反折,形成一个有裂缝的小三角形。

4. 将餐巾翻面,将左右两个角向中间折叠,并将左角插入右角夹缝内。

5. 将下面部分撑开成圆形状,将上端的两个三角形往下翻少许。

6. 稍加整理即成兔耳仙客。

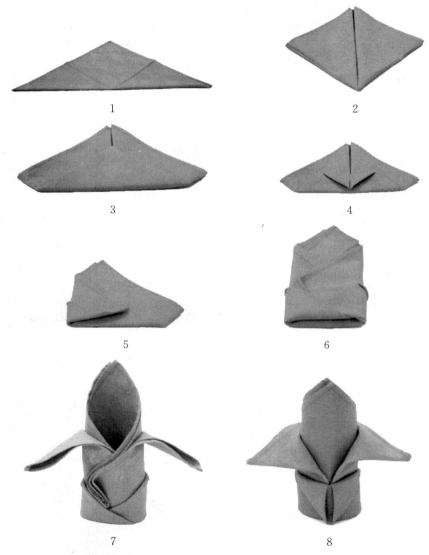

"兔耳仙客"餐巾花折叠步骤

(七) 荷花盛开

1. 餐巾反面朝上,并成正方形摆放。

2. 将餐巾的四个角向上对正中心点折叠成菱形。

3. 再将四个角向上对正中心点对正折叠一次。

4. 将餐巾翻面。第三次将四个角向上对正中心点对正折叠一次。

5. 用左手手指将中心点固定在台面上，用右手将四个角向上翻起后，再将另四个角也向上翻起。

6. 稍加整理即成荷花盛开。

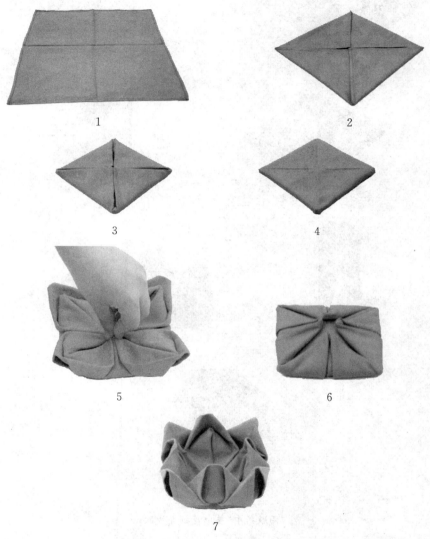

"荷花盛开"餐巾花折叠步骤

(八) 西服折巾

1. 将餐巾对角折叠，并成倒三角形摆放。

2. 将三角形上面的边向后翻折 2 cm 的边。

3. 将两个角向下折叠左角与右角略加重叠，同时调整西服领子的宽度和高低位置。

4. 将左右两角向后折叠，折叠时调整西服两肩的宽度，并调整好西服正身的折叠大小比例。

5. 将下面部分也向后折叠,塞入折缝内。

6. 稍加整理即成西服折巾。

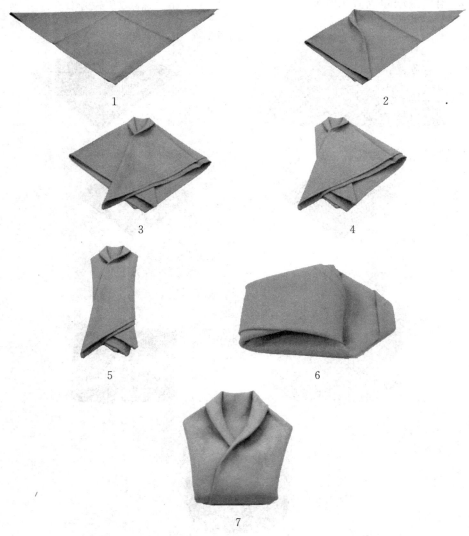

"西服折巾"餐巾花折叠步骤

三、餐巾花的摆放

1. 盆花应放在盆子的正中,所选折花应根据餐盆比例,大小要适中,不能超过盆边,更不能超过台边。

2. 主花摆放在主位,一般选择美观醒目、突出区别于其他餐巾的花型,以显示对主要宾客的重视。其他餐位餐巾花则摆放高低均匀,大小匀称,错落有致,以达到整体的协调效果。

小提示

餐巾折叠时应注意如下事项：

1. 折叠餐巾花前，首先必须洗净双手。

2. 餐巾折叠应在光滑、清洁的台面上进行，切忌为图方便在托盘上进行。

3. 折叠前应先考虑好花型，一次折成。以避免餐巾反复折叠影响餐巾的挺括美观。

4. 折叠时不能用托盘压餐巾花，不能使用牙齿咬来帮助折叠餐巾。

【练一练】

1. 练习企鹅漫步、主教圣帽、祝寿蜡烛、扇面送爽、水仙盆景、兔耳仙客、荷花盛开、西服折巾的折叠方法。

2. 折叠8种款式餐巾花型各一个，在5分钟之内完成。

【想一想】

1. 在我们所学的餐巾折花的花型中，哪几个花型适宜摆放在主人餐位上？

2. 在布置宴会餐台时如何选择餐巾折花花型？如何摆放突出正、副主人位？

【试一试】

按照餐巾折花的技法，试着创新折出新的餐巾折花的花型。

活动三　铺设西餐台

一、西餐铺台的基本规则

（一）餐具的摆放

1. 餐具放置要根据菜单，按照规定的次序，由外至里摆放，刀背向右。

2. 摆台时在一套餐具里不能出现两件形状、大小相同的刀叉。

3. 特种餐具不在布置台面时放置，而是在上这类菜肴时，才放在客人桌上，有时直接放在餐盘里。

(二) 杯子的摆放

1. 对于一套餐具来说,不能同时有四只以上的杯子,通常只有在正式宴会上摆放四种杯子,即水杯、红葡萄酒杯、白葡萄酒杯及香槟杯。

2. 在餐桌上也不能同时放置两只同样大小形状的杯子。

3. 杯子按大小顺序排列,小杯子在右,大杯子在左。

(三) 取拿餐具、酒具正确方法

1. 拿餐盘时,拇指要紧贴盘边。

拿餐盘手势

2. 拿餐叉餐刀要拿把柄两侧。不可以用手直接触摸刀面、叉顶端。

拿餐叉餐刀手势

3. 拿酒杯要拿杯底或杯脚,注意不能触及杯口。

拿酒杯手势

(四) 台布的铺设与更换

1. 台布的铺设步骤。

步骤一:站立在主线相邻一边的桌边方向,将折叠好的台布的开口处朝向自己摆放。

步骤二:用双手将台布向两边打开,将台布的摆放在餐台的中间。

步骤三:用双手大拇指和食指捏住台布的中间层,拇指与中指夹住台布上面一层,双手向两边伸开。

步骤四:将台布向上提一下,上身前倾,同时松开拇指与中指夹住部分的台布,将台布的最下层部分向前面台边垂挂摆放下去。

步骤五:然后轻轻朝自己的方向拉开并顺势调整台布的中心线使之铺设于餐台的正中。

步骤六:调整台布,调整时拉起台布的一边轻轻地抖动,直至达到标准为止。

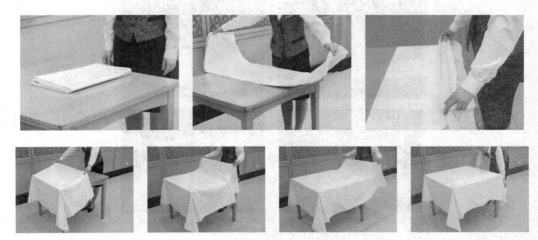

方台台布的铺设步骤与方法

2. 台布的更换步骤与方法。

步骤一:先将餐台后端台布向餐台中间提起后折叠至餐台的一半,将花瓶和调味瓶挪向餐台的后端。

步骤二:再将餐台前端部分台布向餐台中间折叠并收拢后放于近处的餐椅上。

步骤三:参照"台布的铺设步骤一"。

步骤四:参照"台布的铺设步骤二"。

步骤五:参照"台布的铺设步骤三"。

步骤六:参照"台布的铺设步骤四"。

步骤七:然后轻轻朝自己方向拉开并顺势调整台布的中心线,使之铺设于餐台正中,留出后端部分台布向前折叠。

步骤八:将花瓶和调味瓶放于餐台中间的位置。

步骤九:最后调整台布,直至达到标准。

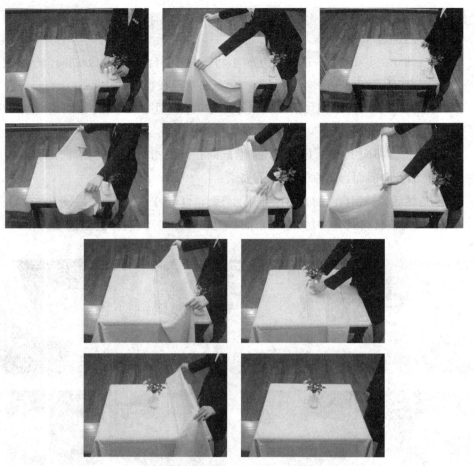

台布的更换步骤与方法

3. 台布铺设标准要求。

主线凸出定位准，台面平整无皱折，四边下垂均整齐，四角对称都均等。如是长方台，铺设两块台布时则应注意重叠处要平整。

二、西餐铺台基本餐酒用具介绍

餐　具	介　　绍
台　布	1. 西餐台布的颜色通常使用白色 2. 也有些西餐厅在白色的台布上再铺设一块台心布，台心布的风格、主体色调与餐厅吻合，以此来点缀餐台 3. 餐台布的配用。正方形餐台一般选用正方形台布，选用正方形台布配用规格通常是根据餐桌的规格来定：例如：80 cm 见方的餐台配用 140 cm×140 cm 的正方形台布。长方形餐台要根据餐台的大小选择台布，可选择长方形台布也可选用正方形台布几块接起来用。台布下垂的尺寸为30～70 cm，也可用台裙来弥补

餐　具		介　　　　绍
垫　纸		简易西餐铺台不铺设台布时用垫纸。在铺台时摆放在餐位居中位置。将要铺设的餐具摆放在上面
展示盆		1. 餐厅一般使用直径 24～25 cm 白色瓷质平盆作为展示盆，也可使用大于直径 24～25 cm 的其他颜色、质地的平盆作为展示盆 2. 用于午、晚餐铺台或宴会铺台，可根据各种不同的需求选用具有独特风格的花色图案的展示盆来搭配烘托餐厅的气氛 3. 在铺台时可作为餐具摆放定位之用。摆放在餐位居中位置
面包盘		1. 通常使用直径 15 cm 白色瓷质平盘 2. 用餐时用来摆放面包 3. 是各类西餐铺台必用餐盘。摆放在餐位的左侧
餐刀	餐　刀	用于一般西餐厅的铺台。与餐叉配套一起使用，用于食用任何菜肴
	小　刀	通常与小叉配套一起使用，用于食用开胃菜、沙拉、甜品、水果
	鱼　刀	通常与鱼叉配套一起使用，用于食用鱼、海鲜类菜肴
	大　刀	通常与大叉配套一起使用，用于食用西餐中的主菜，是各类正餐铺台必摆餐具之一
	牛排刀	刀口带锯齿形状
餐叉	餐　叉	用于一般西餐厅的铺台。与餐刀配套一起使用，用作食用任何菜肴
	小　叉	通常与小刀配套一起使用，用于食用开胃菜、沙拉、甜品、水果
	鱼　叉	通常与鱼刀配套一起使用，用于食用鱼、海鲜类菜肴
	大　叉	通常与大刀配套一起使用，用于食用西餐中的主菜，是各类正餐铺台必摆餐具之一
	生蚝叉	用于食用生蚝
	田螺叉	用于食用田螺
	蛋糕叉	用于食用蛋糕、苹果攀等点心
匙	餐匙	用于一般西餐厅的铺台。用于食用汤类菜肴
	浓汤匙	用于食用浓汤
	清汤匙	用于食用清汤
	点心匙	用于食用甜品
	咖啡匙	饮用咖啡时搅拌用
	茶匙	略比咖啡匙小些，饮用茶时搅拌用
黄油刀		用作切黄油和将黄油、果酱刮涂在面包上用。是各类铺台必摆餐具之一
水　杯		供餐时用来斟倒饮用水
葡萄酒杯		分为红葡萄酒杯、白葡萄酒杯，用于午、晚餐铺台。红葡萄酒杯比白葡萄酒杯的杯肚大些，高度比白葡萄酒杯低些
餐　巾		供客人擦嘴用
其　他		包括盐、胡椒盅、牙签盅、花瓶、台号、烟缸等

三、西餐铺台餐酒用具摆放顺序与规则

(一) 西餐餐台铺设顺序

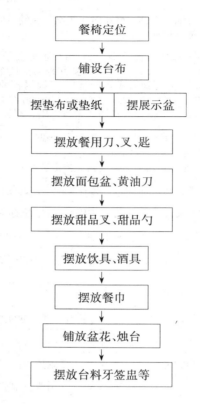

(二) 基本餐酒用具的铺设方法与要求(以6人西餐宴会铺台为例)

1. 6人位西餐宴会铺台餐用具。

序号	餐用具名称	餐具数量	规格
1	餐 台	1张	1.2 m×2.4 m
2	餐 椅	6把	
3	台 布	2块	2.2 m×2.2 m
4	口 布	6块	50 cm×50 cm
5	蜡烛台	2座	
6	胡椒粉、盐盅	4副	
7	盆 花	1盆	
8	展示盆	6只	ϕ24 cm～25 cm
9	面包盆	6只	ϕ16 cm
10	小刀、小叉	各6把	
11	鱼刀、鱼叉	各6把	
12	大刀、大叉	各6把	

序号	餐用具名称	餐具数量	规格
13	浓汤勺	6 把	
14	甜品叉、甜品勺	各 6 把	
15	黄油刀	6 把	
16	高脚水杯	6 只	
17	红葡萄酒杯	6 只	6 盎司
18	白葡萄酒杯	6 只	6 盎司

2. 6 人位西餐宴会铺台标准样台。

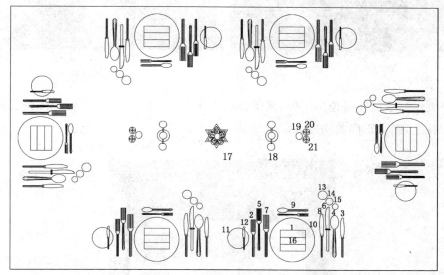

1. 展示盆　2. 小叉　3. 小刀　4. 汤匙　5. 鱼叉　6. 鱼刀　7. 大叉　8. 大刀　9. 点心匙

10. 点心叉　11. 面包盆　12. 黄油刀　13. 水杯　14. 红葡萄酒杯　15. 白葡萄酒杯

16. 餐巾　17. 盆花　18. 烛台　19. 牙签盅　20. 盐　21. 胡椒盅

（三）6 人位西餐宴会铺台铺设方法与要求

1. 餐椅定位。

将餐椅成 2＋1＋2＋1 均匀整齐摆放（两个长边各摆放两把坐椅）餐椅离开桌边 1 cm。

2. 铺设台布。

站在主人位相邻的一边,铺设台布,两块台布接口重叠处应注意平整,台布正面朝上,主线突出居中,四脚下垂部分相等。

3. 摆展示盆。

将展示盆摆放在餐位的正中,离餐台边 1.5 cm。如展示盆上有标志或图文则应注意标志在上,图文正面朝向客人。

4. 摆餐刀、餐叉、汤匙(大刀、鱼刀、浓汤勺、小刀;大叉、鱼叉、小叉)。

摆放顺序由里向外,分别为大刀大叉、鱼刀鱼叉、汤勺、小刀小叉。刀口朝里,左叉右刀,大刀、叉距展示盆 1 cm,刀叉之间的相距 0.5 cm,刀叉距离桌边 1.5 cm、鱼刀鱼叉距离桌边 5 cm。

5. 摆甜品叉、勺和面包盘、黄油刀。

甜品叉、甜品勺平行横放在展示盆前,距离展示盘 1 cm,甜品叉在里,甜品勺在外,甜品叉、甜品勺之间间距 0.5 cm。

面包盘摆放在餐叉的左侧,距离小叉 1 cm,中心点与展示盆中心点在一直线上;黄油刀搁于面包盘中心线右四分之一处,刀口向左。通常在上主菜之前收去。

6. 摆饮具、酒具。

由左上依序往右下,按先水杯,后红葡萄酒杯、白葡萄酒杯的顺序依次摆放,水杯距离大刀 3~5 cm。三杯杯肚间隔 1 cm,三杯中心点连成一直线并成 45 度。

7. 摆餐巾花。

摆放于每个展示盆的正中,餐巾花型的正面朝向客人。

8. 摆盆花、烛台(也可在铺台布后摆放)。

盆花应摆放在餐台的居中位置,铺设烛台应压在台布的中心凸线上,底部离盆花距离均等,两个烛台方向一致,对称成一直线。

9. 摆放盐、胡椒盅、牙签盅等用具。

牙签盅压台布主线,距离烛台位置 10 cm;盐、胡椒盅之间的间距 1 cm,左面是盐盅,右面是胡椒盅。盐、胡椒盅与牙签盅间距 2 cm,且正对正副主人位位置。

四、咖啡厅早餐铺台餐具摆放顺序与规则

西式早餐通常有英式、美式、欧式和自助餐式等多种不同的形式,由于菜单的内容不同所用的餐具略有些不同。

西餐早餐铺台有铺设台布和不铺设台布两种方法。通常不铺设台布的做法是在餐桌上摆放餐具垫布、餐具垫纸或搭布。所需主要餐用具通常有:餐刀、餐叉、面包盘、黄油刀、咖啡杯具、调味架、牙签盅、求司杯、烟灰缸等。下面介绍一般西餐早餐铺台方法。

（一）早餐铺台顺序

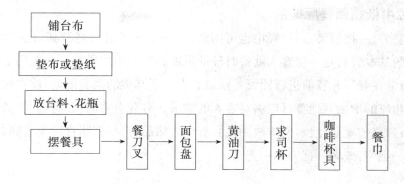

铺台布 → 垫布或垫纸 → 放台料、花瓶 → 摆餐具 → 餐刀叉 → 面包盘 → 黄油刀 → 求司杯 → 咖啡杯具 → 餐巾

（二）早餐铺台餐用具摆放规则

顺序	餐　具	摆　放　规　则
1	垫布或垫纸	摆放在餐位的正中距离餐台 1.5 cm。
2	调味品、牙签盅、口纸杯	按餐厅规定进行铺设。
3	餐刀、餐叉	将餐叉、餐刀分别铺在餐席的左侧、右侧；左侧为餐叉、右侧为餐刀，刀刃方向朝左；餐叉与餐刀之间的距离一般为 25～30 cm 左右。餐叉、餐刀离桌边的距离为 1.5 cm。如有餐巾距餐台边 5 cm，餐巾花应正面朝向客人。
4	面包盘、黄油刀	面包盘摆放在餐叉的左侧，距离餐叉 1 cm，离桌边 1.5 cm。黄油刀搁于面包盘中心线右四分之一处，刀口向左。
5	求司杯	求司杯摆放
6	咖啡杯具	咖啡杯置于咖啡垫盘上，摆放在餐刀右侧距离餐刀 1 cm，咖啡垫盘底线与餐席中心在一直线上；咖啡杯杯口向下，杯柄向右成 45 度；咖啡匙放置于咖啡杯的外侧、搁于咖啡垫盘上并平行于咖啡杯杯柄。
7	餐巾	摆放于每个餐位的正中，距餐台边 5 cm。餐巾花型正面朝向客人。

（三）早餐个人席位铺台

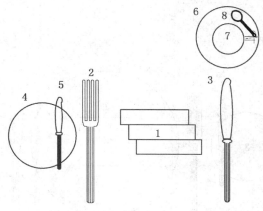

1. 餐巾　2. 餐叉　3. 餐刀　4. 面包盆　5. 黄油刀
6. 咖啡垫盆　7. 咖啡杯　8. 咖啡勺

五、西餐厅午晚餐铺台

（一）价位中低档西餐厅铺台

　　一把餐刀、一把餐叉；一块餐巾也可用纸巾；一个杯子既可当酒杯,也可当水杯用。这套简单的基本餐具是一位客人就餐时最低限度必须使用的餐具。一般用于价位中低档餐厅,通常在餐厅开餐前进行铺设。如果客人点了其他的菜肴的话,就在这套餐具的基础上再相应的增加其他餐具以满足客人的需求。有开胃菜时:如有汤菜,汤勺应放在刀的外端;如果前菜是沙拉,勺应改为叉。有饭后甜品时:根据甜食种类不同,可以摆放一把叉和一把勺,或者一把刀和一把叉。

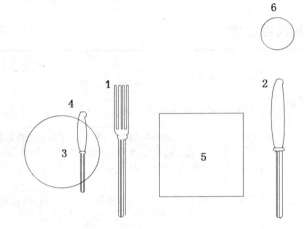

1. 餐叉　2. 餐刀　3. 面包盆　4. 黄油刀　5. 餐巾　6. 水杯

（二）高档西餐厅铺台

　　一个展示盘；一块餐巾；一把餐刀；一把餐叉；面包盘和黄油刀；一个酒杯和一个水杯。这套餐具的铺设一般用于比较高档的餐厅,也是在餐厅开餐前进行铺设。同样如果客人点了其他的菜肴的话,就在这套餐具的基础上再相应地增加其他餐具以满足客人的需求。

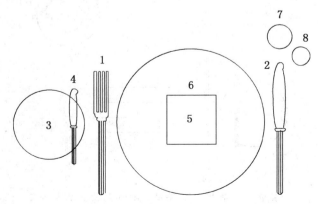

1. 餐叉　2. 餐刀　3. 面包盆　4. 黄油刀　5. 餐巾　6. 垫盆　7. 水杯　8. 红葡萄酒杯

(三) 根据菜肴内容铺台

西餐点菜餐厅与中餐点菜餐厅在铺台上有一个明显不同的特点是西餐点菜餐厅需要两次完成铺台,一次是在客人就餐前的铺台,另一次是在客人点完菜后。由于客人点菜的内容不同,有的客人点多有的客人点少;有的客人可能点了开胃菜又点汤,而有的客人则不选择点开胃菜而选择点甜品。服务员应根据客人点菜内容,在上菜前在已铺设的餐台基础上添补并调整餐具。下面介绍4种套餐的餐台铺设。

A套:

菜单内容	冷开胃菜	汤	主菜	甜品
餐具配备	小刀、小叉	汤匙	大刀、大叉	甜品叉、甜品匙
必铺餐具	展示盆、餐巾、面包盘、黄油刀、水杯、红葡萄酒杯			

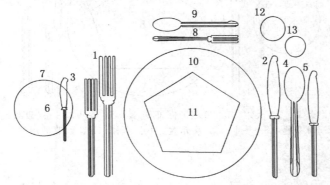

1. 大叉 2. 大刀 3. 小叉 4. 汤匙 5. 小刀 6. 面包盆 7. 黄油刀
8. 甜品叉 9. 甜品匙 10. 展示盆 11. 餐巾 12. 水杯 13. 红葡萄酒杯

B套:

菜单内容	汤	鱼	主菜	甜品
餐具配备	汤匙	鱼刀、鱼叉	大刀、大叉	甜品叉、甜品匙
必铺餐具	展示盆、餐巾、面包盘、黄油刀、水杯、红葡萄酒杯、白葡萄酒杯			

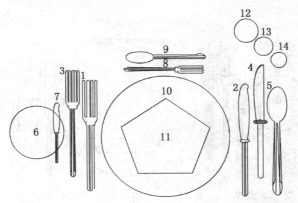

1. 大叉 2. 大刀 3. 鱼叉 4. 鱼刀 5. 汤匙 6. 面包盆 7. 黄油刀 8. 甜品叉
9. 甜品匙 10. 面包盆 11. 餐巾 12. 水杯 13. 红葡萄酒杯 14. 白葡萄酒杯

C套：

菜单内容	汤	主菜	甜品
餐具配备	汤匙	大刀、大叉	甜品叉、甜品匙
必铺餐具	展示盆、餐巾、面包盘、黄油刀、水杯、红葡萄酒杯		

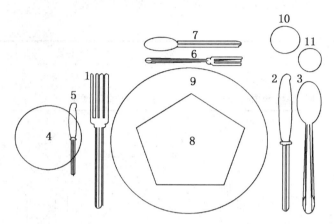

1. 大叉　2. 大刀　3. 汤匙　4. 面包盆　5. 黄油刀　6. 甜品叉
7. 甜品匙　8. 餐巾　9. 展示盆　10. 水杯　11. 红葡萄酒杯

D套：

菜单内容	开胃菜	汤	鱼(虾)	主菜	甜品
餐具配备	小刀、小叉	汤匙	鱼刀、鱼叉	大刀、大叉	甜品叉、甜品匙
必铺餐具	展示盆、餐巾、面包盘、黄油刀、水杯、红葡萄酒杯、白葡萄酒杯				

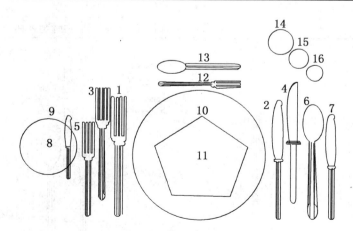

1. 大叉　2. 大刀　3. 鱼叉　4. 鱼刀　5. 小叉　6. 汤匙　7. 小刀
8. 面包盆　9. 黄油刀　10. 展示盆　11. 餐巾　12. 甜品叉
13. 甜品匙　14. 水杯　15. 红葡萄酒杯　16. 白葡萄酒杯

(四) 特殊菜肴餐具铺设

序号	菜肴名称	餐具摆放位置 左	餐具摆放位置 右	调味品、用具
1	龙虾	鱼刀 龙虾钳	鱼叉 龙虾叉	盐、胡椒盅 洗手盅
2	蜗牛	蜗牛钳	蜗牛叉 小匙	吐司、黄油、盐、胡椒盅 洗手盅
3	牡蛎		牡蛎叉	胡椒磨、辣椒酱、柠檬角 洗手盅
4	鱼子酱	小刀	小叉	吐司、黄油
5	熏鲑鱼	小刀	小叉	盐、胡椒磨、柠檬角
6	鹅肝酱	小刀	小叉	吐司、黄油
7	庵列蛋	大叉		盐、胡椒盅
8	青蛙腿	小刀	小叉	洗手盅
9	海鲜杯	小叉（鱼叉）	茶匙	
10	意大利面	餐匙	大叉	胡椒盅
11	海鲜汤	鱼刀	鱼叉、汤匙	骨盘
12	蔬菜牛肉汤	大刀	大叉、汤匙	
13	甜瓜片	小刀	小叉	细白糖 洗手盅
14	奶酪	小刀	小叉	托盘服务时,用奶酪刀、 大刀、大叉
15	甜品 (用高脚杯盛装)		甜品匙	

(五) 摆换酒具

酒具也需要按照客人所订酒水重新进行摆换。如客人只喝红葡萄酒,则应从客人右侧撤下白葡萄酒杯,如客人喝白葡萄酒,应撤掉红葡萄酒杯,并将白葡萄酒杯挪到主刀上方 2 厘米处。

如客人订香槟,摆放方法为香槟杯放至主刀上方 2 厘米处,红葡萄酒杯在香槟杯右下方 45 度,白葡萄酒杯摆放最后,三个酒杯的间距 1 厘米,并在一条斜线上。

如客人订矿泉水或软饮料,水杯应该放在离客人右手最近而不妨碍用餐的位置。

 **小提示**

西餐铺台的基本要领:

1. 展示盆或叠好的餐巾摆放于餐位正中,左叉右刀,刀刃向左,并且应根据菜肴来搭配餐具和酒具。

2. 注意餐台平稳,坐椅干净,餐巾折叠要简单、造型大方。

3. 餐台中央装饰悦目,摆放好盐、胡椒瓶,摆放好台料。

4. 餐台使用长方形和正方形两种,通常正方台只能摆放2～3把坐椅,不摆放4把,只有长方台才可摆放4把坐椅。

 **小知识**

西餐铺台与中餐铺台有很大的区别,铺台的方式通常分为零点铺台和宴会铺台两种。西餐一般选用方桌、长方桌,用餐采用分食制。其最大的特点还是在餐具方面,需根据不同的就餐内容铺设不同的餐具。目前有许多餐厅都采用通用型,如使用餐刀、叉无鱼肉主副之分,汤勺也无浓汤和清汤之别,佐餐酒杯也不分红与白。由于餐具的统一,补给也方便,员工的训练简单,对经营者来说,节省了开支。但对用餐讲究的西方人来说,他们讲究标准化,讲究什么菜肴用何种器皿及刀叉,所以在一些高档的西餐厅,仍按一定的规格标准使用餐具。

 【练一练】

1. 铺设小方台的台布。

2. 练习换台布。

3. 铺设1套早餐餐具。

4. 根据所开设的菜单,铺设一张6人餐台。

 【想一想】

1. 早餐与晚餐餐台的铺设有哪些相同点? 又有哪些不同点?

2. 便餐铺台与宴会铺台有哪些相同点? 又有哪些不同点?

【角色扮演】

1. 练习西餐早餐餐桌的摆设——请你为点菜餐厅进行 3 人位早餐铺台。

2. 练习西餐午晚餐餐桌的摆设——请你为点菜餐厅进行 2 人位午晚餐铺台。

3. 练习西餐宴会餐桌的摆设——请你铺设 6 人位西餐宴会餐台。

测 试 题

一、判断题(下列判断正确的请打"√",错误的打"×")

1. 西餐铺台应根据菜肴来搭配餐具和酒具,铺台时应将菜单上的每道菜肴所须配备的餐具都铺设在餐台上。　　　　　　　　　　　　　　　（　　　）

2. 西餐铺台刀叉摆放应左叉右刀、刀刃向左。　　　　　　　　　　（　　　）

3. 西餐餐具放置要按照菜单上的规定的次序,由里至外摆放,刀背向右。（　　　）

4. 摆台时在一套餐具里不能出现两件形状、大小相同的刀叉。　　　（　　　）

5. 特种餐具不在布置台面时放置,而是在上这类菜肴时,才放在客人桌上,有时直接放在餐盘里。　　　　　　　　　　　　　　　　　　　　（　　　）

6. 在西餐餐桌上不能同时放置两只同样大小形状的杯子。　　　　　（　　　）

7. 通常在西餐餐台上杯子的摆放应按大小顺序排列,小杯子在左,大杯子在右。
　　　　　　　　　　　　　　　　　　　　　　　　　　　　　　（　　　）

8. 在各类西餐铺台,面包盘是必用的餐盘。通常摆放在餐位的左侧。（　　　）

9. 鱼刀、鱼叉通常配套一起使用,用于食用鱼、海鲜类菜肴。　　　（　　　）

10. 大刀、大叉通常配套一起使用,用于食用西餐中的主菜,是各类铺台必摆餐具之一。
　　　　　　　　　　　　　　　　　　　　　　　　　　　　　　（　　　）

11. 西餐早餐铺台可以铺设台布也可以不铺设台布,两种方法都可以。（　　　）

12. 西餐早、午、晚餐铺台都应摆放咖啡杯具。　　　　　　　　　　（　　　）

13. 甜品叉在铺设时应叉柄向左,叉齿向右。　　　　　　　　　　　（　　　）

14. 西餐中餐巾花应摆放于每个餐位的正中,距餐台边 5 厘米。餐巾花形正面朝向客人。　　　　　　　　　　　　　　　　　　　　　　　　　　　（　　　）

15. 在西餐铺台时,为了保持餐具的干净,通常是将杯子的开口向下摆放。（　　　）

二、单选题

1. 西餐中用高脚杯盛装的甜品,配用_____。
   A. 咖啡匙　　　　B. 点心匙　　　　C. 汤匙　　　　D. 冰淇淋匙

2. 在服务奶酪时应为客人配上_____。
   A. 小刀、小叉　　B. 大刀、大叉　　C. 鱼刀、鱼叉　　D. 点心刀、点心叉

3. 客人订香槟,摆放方法为香槟杯放至_____上方2厘米处。
   A. 汤勺　　　　　B. 鱼刀　　　　　C. 主刀　　　　D. 主叉

4. 在西餐服务中,酒具也需要按照客人所订酒水重新进行摆换。如客人只喝白葡萄酒,应撤掉红葡萄酒杯,并将白葡萄酒杯挪到_____上方2厘米处。
   A. 汤勺　　　　　B. 鱼刀　　　　　C. 主刀　　　　D. 主叉

5. 在各类西餐铺台中是必摆餐具之一,也是用作食用西餐中的主菜的餐具是_____。
   A. 汤勺　　　　　B. 小刀、叉　　　C. 鱼刀、叉　　　D. 主刀、叉

6. 标准台布铺设通常_____。
   A. 下垂的台布与餐椅相距1厘米。　　　B. 下垂的台布超过餐椅1厘米。
   C. 下垂的台布与地面相距1厘米　　　　D. 下垂的台布与地面平

7. 西餐杯子的铺设,下列正确的是_____。
   A. 由左自右顺序:红葡萄酒杯、白葡萄酒杯、水杯
   B. 由左自右顺序:白葡萄酒杯、红葡萄酒杯、水杯
   C. 由左自右顺序:水杯、白葡萄酒杯、红葡萄酒杯
   D. 由左自右顺序:水杯、红葡萄酒杯、白葡萄酒杯

西餐服务方式

任务与目标

- 了解美式、法式、俄式及英式服务的特点、服务规则及服务流程
- 掌握了解美式、法式、俄式及英式服务的方法
- 了解美式、法式、俄式及英式服务的优缺点

活动一　认识美式服务

一、美式服务的特点

1. 操作服务简单、快捷。
2. 一个服务员可以同时为很多客人提供服务,劳动力成本低。
3. 室内陈设简单大方,投资少。
4. 菜肴的质量和标准由厨师掌握,各位客人得到的菜肴是一致的。

二、美式服务的方法

1. 用右手从客人的右侧送上饮料。
2. 用左手从客人的左侧送上所有的食物。
3. 从客人的右侧用右手撤去餐具。

三、美式服务的程序

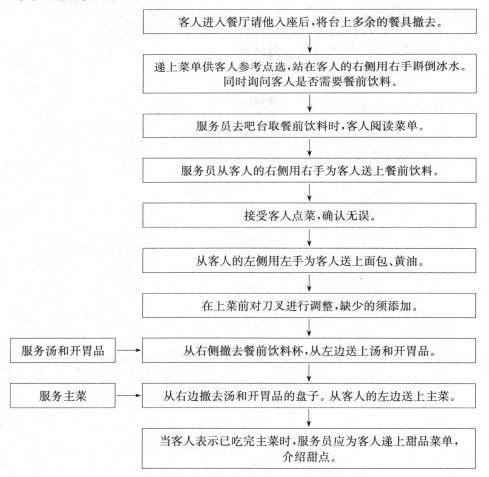

客人进入餐厅请他入座后,将台上多余的餐具撤去。

↓

递上菜单供客人参考点选,站在客人的右侧用右手斟倒冰水。同时询问客人是否需要餐前饮料。

↓

服务员去吧台取餐前饮料时,客人阅读菜单。

↓

服务员从客人的右侧用右手为客人送上餐前饮料。

↓

接受客人点菜,确认无误。

↓

从客人的左侧用左手为客人送上面包、黄油。

↓

在上菜前对刀叉进行调整,缺少的须添加。

↓

服务汤和开胃品 → 从右侧撤去餐前饮料杯,从左边送上汤和开胃品。

服务主菜 → 从右边撤去汤和开胃品的盘子。从客人的左边送上主菜。

↓

当客人表示已吃完主菜时,服务员应为客人递上甜品菜单,介绍甜点。

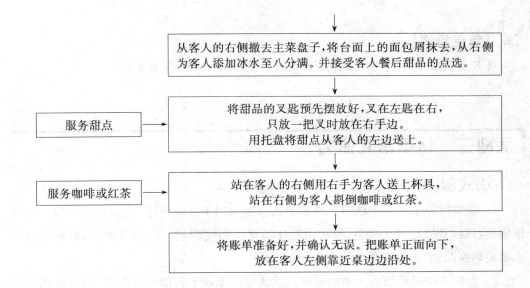

从客人的右侧撤去主菜盘子,将台面上的面包屑抹去,从右侧为客人添加冰水至八分满。并接受客人餐后甜品的点选。

服务甜点 → 将甜品的叉匙预先摆放好,叉在左匙在右,只放一把叉时放在右手边。用托盘将甜点从客人的左边送上。

服务咖啡或红茶 → 站在客人的右侧用右手为客人送上杯具,站在右侧为客人斟倒咖啡或红茶。

将账单准备好,并确认无误。把账单正面向下,放在客人左侧靠近桌边边沿处。

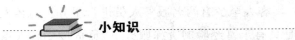 **小知识**

美式服务(American Service)又称为"盘子式服务"。是由英式餐饮服务派生的,兴起于 19 世纪初,与法式服务、英式服务和俄式服务相比较,是一种比较随意和较少讲究的服务方式,是目前我国西餐厅、咖啡厅中采用最多,也是最有效的服务方式之一,特别适用于大型的宴会。

美式服务中,菜肴都是由厨师在厨房将每位客人的菜肴烹饪完毕后分别装盘并进行简单的装饰,由服务员将菜肴托送到客人面前。

 **小提示**

● 美式服务的优点

1. 服务方式简便而快捷。

2. 一名服务员可以同时服务多名客人,劳动力成本低。

3. 服务快速,可保持菜肴的热度。

4. 减少复杂流程,翻台较为迅速。尤其适用于西餐咖啡厅的服务。

● 美式服务的缺点

1. 服务员一人要兼顾多名客人,所以客人无法得到像法式服务那样的全方位照顾。

2. 服务方法比较简单,不像其他服务方式那样显得十分豪华壮观,富有可看性。

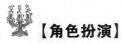

【角色扮演】

练习美式服务方式——请你按美式服务方式模拟进行餐桌服务。

活动二　认识法式服务

一、法式服务的特点

1. 豪华贯穿于每一个细节。通常法式服务只用于法国餐厅,法国餐厅要求装饰高雅华贵,以欧洲宫殿式为特色,整个用餐环境宽广而气派,餐具、用具华贵,酒杯常采用水晶玻璃制品。

2. 为客人提供最细致入微的服务。法式服务不同于其他西餐服务方式,法式服务注重服务程序和礼貌礼节,注重服务表演,注重吸引客人的注意力,服务周到,每位客人都能得到充分的照顾。一般情况下,一桌客人至少有两名服务人员进行服务。为客人提供用餐服务的两名服务员中,一位是具有丰富经验的资深服务员,负责接受客人点菜,服务酒水,用优美的动作为客人制作、加工或分割部分食物,为客人结账等一系列工作;另一位是服务助手,主要协助资深服务员的一切工作,如将订单送到厨房,并从厨房拿取食品送入餐厅,在资深服务员将食品烹制装盘后将菜盘递送给客人,客人用完后再将空盘撤去,以及随时为资深服务员提供服务帮助。

3. 注重服务的表演性。法式服务尤其以现场烹制著名,即当着客人的面在桌边烹饪车上现场烹制菜肴。所有菜肴都必须用银托盘从厨房送入餐厅放在手推车上,然后根据不同需要用燃焰炉将菜肴加热,并进行烹制、剔骨和切片,装进温热的餐盘提供给客人,让客人在享受美味佳肴前先欣赏和领略菜肴的烹制艺术。但是并不是所有的菜

桌边烹饪车

肴都适用于现场制作,只有那些能在合理时间内制作、装饰完成的菜肴才能在客人面前烹制。

4. 注重服务员的培养。法式服务最大的特点是有两名服务员合作,共同为一桌客人进行服务:即专业资深服务员和助理服务员。专业资深服务员主要负责接受客人的点菜,为客人作现场烹调表演;助理服务员主要负责传递菜单、准备餐车及材料、在烹调过程中协助专业服务员将调理完成的菜肴餐盘送至客人的面前,最后收拾餐具。从事法式服务的服务员需要接受相当长时间的专业训练与实习才可能胜任,是一项专业性较强的工作。在欧洲法式餐厅的服务员,他们必须接受服务生正规教育,训练期满再接受餐厅见习一至两年,才可以成为助理服务员,须再与资深服务员一起工作见习两三年并经过严格的考核才能真正成为一名资深服务员。这种严格的训练前后至少要四年以上,这也是法式服务的特点之一。

二、法式服务的方法

1. 客前表演。

在法式服务中,为了能达到客前表演的效果,一般菜肴都是由厨师在厨房内准备好,然后送入餐厅由服务员在客人面前完成。通常的做法是由服务员助理将菜肴放在一个精美的银制的盘内送入餐厅放在加热炉上保持温度然后由服务员进行切割、准备调味汁或其他的配菜等。

2. 右上右撤。

在法式服务中,除色拉、面包、黄油以外,所有食品都采用右上右撤的方法为客人服务,即都从客人的右侧递上食品,用完后再从右侧撤下空盘。

3. 先撤后上。

在法式服务中讲究吃完一道菜再上下一道菜,这样可以让客人享受到最新鲜的美味,所以要求在上一道新菜前先把吃完的空盘收掉。

4. 净手盅的服务。

在法式服务中当客人吃用手指拿着吃的菜肴,如鸡、龙虾等食物时应送上净手盅。

净手盅是一只小的玻璃或银制的盅放在一个精制的银垫盘上,中间垫上一张餐巾纸,同时再送上另一块清洁的餐巾。在净手盅内只需放半盅温水以免水溅出来,在温水中常常放入一小片柠檬片或菊花瓣。洗手盅要和上述的菜肴一起送上,而不是在其后才送上,净手盅通常放在菜盘的前面。在法式服务中,当全部菜肴结束时,总要送上另外一只净手盅和清洁的餐巾,直接放在客人的面前。

三、法式服务的程序

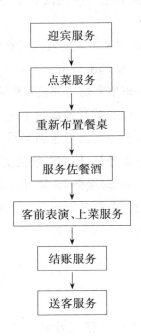

迎宾服务

↓

点菜服务

↓

重新布置餐桌

↓

服务佐餐酒

↓

客前表演、上菜服务

↓

结账服务

↓

送客服务

1. 迎宾服务。

资深服务员与服务助理一起迎候宾客,助理为宾客接挂衣帽,资深服务员为宾客拉椅让座,资深服务员为宾客递上菜单,助理为宾客倒上冰水。

2. 点菜服务。

资深服务员接受宾客点菜,向客人推荐并介绍特色菜肴,同时推荐佐餐酒,助理帮助将点菜单送入厨房,并准备服务车及燃焰炉。

3. 重新布置餐桌。

资深服务员根据客人所点菜肴重新布置餐桌。

4. 服务佐餐酒。

助理送上佐餐酒由资深服务员为客人服务。

5. 客前表演、上菜服务。

助理将由厨房准备好的菜肴或半成品送至服务车,由资深服务员在客人面前为客人进行烹饪、分割或剔骨的操作表演并分至每个菜盘里,由助理端至客人面前(助理要先将上一道菜的空盘收走),这时要注意主菜应正对客人,配菜应在主菜的上方。

6. 结账服务。

由助理将账单放在银盘内交给资深服务员,由资深服务员托至客人面前给客人结账。

7. 送客服务。

由资深服务员为客人拉椅,助理为客人递上寄存的衣帽,两名服务员一起将客人送至餐厅门口,礼貌道别并目送宾客离开。

小知识

法式服务(French Service)是西餐中最豪华、最细致周密也是最古老的一种服务方式,又名"里兹"服务。源于欧洲宫廷餐饮的正规服务,那时的法式服务相当繁琐,如客人在用完一道菜后必须离开餐桌,让服务员清扫完毕后再继续入席用餐,整个服务过程所花费的时间相当长,还要准备休息室及其他大量用具,不适合在餐厅里推广。后由法国巴黎里兹饭店的老板恺撒·里兹改革后用于豪华饭店的豪华服务。

小提示

● 法式服务的优点

1. 讲究餐具豪华及用餐气氛。是一种最讲究礼节的非常豪华的服务,是档次的象征。

2. 注重表演,能吸引客人的注意力,提高客人的进餐情趣。

3. 现场烹调可保持菜肴的热度。

4. 服务周到,客人可以得到比较多的个人服务和关照,可以在幽雅的氛围中充分享受服务员优美的服务。

● 法式服务的缺点

1. 法式服务每位服务员服务的客人数较少,因需要用服务车服务,所需要的服务面积较大,空间利用率却较低。

2. 服务节奏缓慢,用餐时间长,餐位周转率低。

3. 用餐费用昂贵,普通人难以接受。

4. 对服务员的专业技能要求很高,培训费用和人工成本较高。

【角色扮演】

1. 练习迎送客人。

2. 练习酒水服务。

3. 练习为客人拉椅让座。

活动三　认识俄式服务

一、俄式服务的特点

1. 服务迅速。俄式服务继承了法式服务优雅高贵的服务态度与气氛,又省去了法式服务的繁琐,通常只需一名服务员为一桌客人服务,服务效率高,餐厅空间利用率较高,节省人力,人工成本较法式服务要低。

2. 气氛高雅。俄式服务中由于大量使用银制餐具,由身着正式礼服的男服务员戴着白手套端到每位宾客面前,因而显得高雅和气派,同时每位客人都能享受到个性化的服务。

3. 节省菜肴。由于采用旁桌分菜方式,没有分完的菜肴可以端回厨房再继续使用,从而减少了不必要的浪费。

4. 逆时针操作。服务员环绕餐桌逆时针方向移动,为客人分菜。

二、俄式服务的方法

1. 一人服务一桌:通常一桌客人由一名服务员服务。

2. 请客过目:菜肴在厨房全部制熟,每桌的每一道菜肴放在一个银制大浅盘中,然后服务员从厨房中将装好的菜肴大银盘用肩上托的方法送到顾客餐桌旁,热菜盖上盖子,服务员站立于客人餐桌旁将盖子当众揭掉,请宾客欣赏厨师精湛的烹调和装饰手艺。

3. 为客派菜:从主宾开始,服务员按逆时针方向绕桌行走,用左手以胸前托盘的方法,用右手操作服务叉和服务匙从客人的左侧分菜。

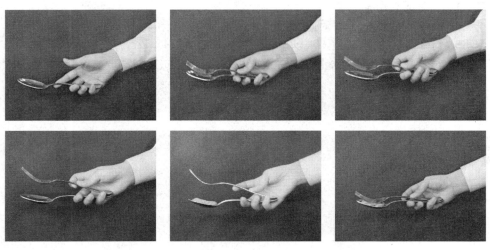

服务叉勺的握法

三、俄式服务的操作

1. 银盘服务。

服务员将客人的点菜单送入厨房后，由厨师将每桌的每一道菜肴放在一个银制大浅盘中准备好。

2. 先撤后上。

在上一道新的菜肴时要先从右边将吃完的空盘收走，再用右手从客人右侧送上相应的空盘，开胃菜盘、主菜盘、甜菜盘等。注意冷菜上冷盘，即未加热的餐盘，热菜上热盘，即加过温的餐盘，以便保持食物的温度。上空盘服务员用右手在客人的右侧顺时针摆放在客人的面前。

3. 展示和介绍菜肴。

服务员分派食物之前应先向客人展示和介绍菜肴，装饰漂亮的菜肴能使客人增加食欲的同时了解菜肴。

4. 分菜服务。

服务员用左手托菜肴、用右手握分叉匙从客人的左侧派菜，派菜时要先为客人展示菜肴，把客人意欲得到的那份菜肴分别夹到客人的餐盘里，分菜时按逆时针方向绕台进行。

5. 斟酒服务。

俄式服务斟酒、斟饮料在客人右侧进行。

 **小知识**

俄式服务(Russian Service)起源于俄罗斯的贵族与沙皇宫廷之中，在很多方面与法式服务有相似之处，同样非常正规，讲究礼仪，风格典雅，客人能获得相当周到的服务。

俄式服务亦是一种豪华的服务，是世界上较好的酒店中最受欢迎的餐厅服务之一。

俄式服务在服务过程中采用大量银制餐具，因而也被称为"银式服务"。摆台上与法式服务相似，但在服务方式上则有所不同。

 小提示

● 俄式服务的优点

1. 每桌只需一名服务员，因而比法式服务节省人力。

2. 服务的速度快，费用低，但却与法式服务一样豪华而讲究、优雅，比法式服务更适合用于宴请。

3. 讲究服务人员为客人服务时优美文雅的风度，讲究服务操作的技巧，与法式的现场烹调表演相比更为实用。

4. 服务所体现的个人照顾较多,同样能使客人感受到特别的照顾。

5. 食物都是根据客人的需要进行分派,多余的食物得到回收,既节省食物成本,又能提供高雅的服务。

● 俄式服务的缺点

1. 在服务中,服务员分让菜肴到后几位客人时,客人看到的是分剩下的菜盘,显得不美观。

2. 若是客人较多,以大银盘分配到后面的客人,可能影响到食物的温度。

3. 在服务中要用到大量的银制器皿,投资量大,如果使用或保管不当会直接影响餐厅的经济效益。

 【角色扮演】

按俄式服务方式,模拟进行菜肴服务。

 【英语角】

燃焰车	oven trolley	服务手推车	service trolley
托盘	tray	服务巾	waiter cleaning cloth
银餐具	silver ware		

活动四 认识英式服务

一、英式服务的特点

1. 家庭味浓郁。英式服务中,许多工作都由宴请的主人自己动手,为赴宴的客人亲自服务,服务员只要协助主人做好辅助工作就可以了。

2. 对宴请主人的分菜技巧有一定的要求。

3. 以聚会为主题所以节奏缓慢,适用于家庭聚餐。

4. 不适合用于饭店服务。

二、英式服务的方法

1. 服务员协助主人服务整个用餐过程,主人将菜肴切配装盘,服务员负责送到每位客人面前。

2. 上菜方式：

（1）菜肴在厨房制作并装饰好由服务员用大银盘端至主人面前，并按客人人数准备好加热过的热空盘，放在主人左手。

（2）在客人右侧给客人斟上佐餐酒。

（3）主人亲自动手切割、装盘配上配菜。

（4）服务员把已装好盘的菜肴按宾主次序依次端送给每位客人，从客人右侧上菜，注意主菜对准客人，配菜应在主菜上方。

（5）当主人将菜肴分完后，服务员要把分剩的菜肴重新装盘并清理主人分菜的位置。

（6）配菜、调味汁和分剩下来的菜肴放在餐桌上由客人互相传递或自己取用。

三、英式服务的操作

1. 首先服务汤时，通常是由服务员将热汤盘放在男主人的面前，由男主人盛满每个汤盘后，由服务员帮助将已盛好的汤递给每一位客人。

2. 接着男主人将端到餐桌上的食物，根据需要分割，并分别搭配好配菜，分装到每一个菜盘里，交给站在左侧的服务员，由服务员按宾主次序端到每位客人的面前，分剩下的菜肴、调味汁、配菜都放在桌上由客人自己选择和搭配。有时也可由客人自己互相传递。

3. 甜品由女主人分好后，再由服务员传给客人。

4. 饮料由男主人来进行调制和服务。

5. 服务员服务菜肴在客人的右侧进行，收拾餐具在客人的左侧进行。

 小提示

● 英式服务的优点

1. 较为节省人力。

2. 不需要复杂的服务流程和相关的设备。

3. 比较容易控制食物的成本，既可满足客人食量的需求，又可减少食物的浪费。

4. 宾主都参与菜肴之取用，能增强用餐气氛。

● 英式服务的缺点

1. 用餐时男女主人比较忙碌。

2. 宾主都参与菜肴之取用，过程中容易产生失误造成难堪。

测 试 题

一、判断题(下列判断正确的请打"√",错误的打"×")

1. 美式服务也叫餐盘服务,是目前我国西餐厅、咖啡厅中采用最多的服务方式。
　　　　　　　　　　　　　　　　　　　　　　　　　　　　　　　(　)

2. 美式服务所有的饮料食物用右手从客人的右侧送上。　　　　　(　)

3. 美式服务服务方式简便而快捷,尤其适用于扒房的服务。　　　(　)

4. 法式服务是西餐中最豪华、最细致、比较讲究礼节的服务方式。(　)

5. 法式服务尤其注重现场烹制和服务的表演性。　　　　　　　　(　)

6. 在法式服务中所有食品包括色拉、面包、黄油,都采用"右上右撤"的方法为客人服务,即都从客人的右侧递上食品,用完后再从右侧撤下空盘。　　　(　)

7. 大陆式服务是一种综合了法、美、俄等各国服务方式的服务。　(　)

二、单选题

1. 在西餐服务中,_____比较适用于西餐咖啡厅的服务。
   A. 法式　　　　　　B. 英式　　　　　　C. 美式　　　　　　D. 俄式

2. 在西餐服务中,_____服务是用右手从客人的右侧送上饮料;用左手从客人的左侧送上所有的食物;从客人的右侧用右手撤去餐具。
   A. 法式　　　　　　B. 英式　　　　　　C. 美式　　　　　　D. 俄式

3. 西餐服务中最豪华细致、注重服务的表演性的服务是_____服务。
   A. 法式　　　　　　B. 英式　　　　　　C. 美式　　　　　　D. 俄式

4. 除色拉、面包、黄油外所有食品都采用右上右撤的方法为客人服务,这种服务是_____服务。
   A. 法式　　　　　　B. 英式　　　　　　C. 美式　　　　　　D. 俄式

5. 服务的速度快,费用低,服务豪华而讲究、优雅,比较适合用于宴请的服务是_____服务。
   A. 美式　　　　　　B. 英式　　　　　　C. 意式　　　　　　D. 俄式

6. 美式服务具有_____的特点。
   A. 服务方式简便而快捷　　　　　　B. 右上右撤
   C. 注重服务的表演性　　　　　　　D. 大量使用银制餐具

7. 俄式服务具有_____的特点。
   A. 要用到大量的银制餐具,投资量大
   B. 服务节奏缓慢,餐位周转率低

C. 所需餐具量相对比较多,损耗也相对比较大

D. 客人难以得到全方位的照顾

8. 法式服务具有_____的特点。

A. 要用到大量的银制餐具,投资量大

B. 服务节奏缓慢,餐位周转率低

C. 所需餐具量相对比较多,损耗也相对比较大

D. 客人难以得到全方位的照顾

9. 美式服务具有_____的特点。

A. 要用到大量的银制餐具,投资量大

B. 服务节奏缓慢,餐位周转率低

C. 所需餐具量相对比较多,损耗也相对比较大

D. 客人难以得到全方位的照顾

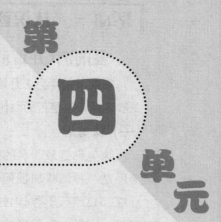

西餐酒水服务

第四单元

任务与目标

- 了解餐前酒、佐餐酒、甜食酒和餐后酒
- 掌握红、白葡萄酒及香槟酒的服务技能
- 掌握啤酒的服务技能
- 掌握咖啡和茶的服务技能

活动一 认识西餐餐酒

一、餐前酒（开胃酒）

餐前酒是宴会未开始之前，客人随意选用的一些开胃酒或鸡尾酒，以增加客人的食欲。一般选择味道稍苦的酒作为餐前酒，据说这种苦味能够开胃，所以餐前酒也叫做开胃酒。

（一）味美思

味美思是最著名的餐前酒。味美思因为其原料以苦艾为主，所以也称苦艾酒。味美思是一种调味加强葡萄酒，以白葡萄酒为基酒加入苦艾、奎宁、龙胆草、大小茴香、小豆蔻、肉豆蔻、丁香、肉桂、白芷、陈皮、杜松子等几种香料草药浸制而成的。酒精含量在16%～18%。味美思按其含糖量可分为干、半干、甜三种，干味美思含糖量在4%以下，甜味美思含糖量在15%以上，其余在10%～15%之间。按色泽分有红、白之分，干味美思通常为无色透明或浅黄色，较干；甜味美思呈红色或玫瑰红色，较甜；糖分越高颜色越深。最为著名的是意大利和法国的味美思。

1. 意大利味美思。

意大利酒类法律条文规定味美思须以75%以上的干白葡萄酒为原料，且基酒不应带有明显的芳香，所用的芳香植物多达三四十种，但以苦艾为主，故成品酒具有特殊的芳香，略呈苦味，故又名苦艾酒。

（1）马天尼，主要有以下三种品种：

干马天尼：酒度18%，无色透明，因该酒在制作蒸馏的过程中加入了柠檬皮及新鲜的小树莓，故果香浓郁。

半干马天尼：酒度16%，呈浅黄色，含有天然香草籽等香味成分。

甜马天尼：酒度16%，呈红色，具有明显的当归药香，含有草药味和焦糖香。

（2）卡帕诺，酒精含量：15%～18%，分为甜型和干型两种，甜型含糖量为18%、干型含糖量为2%，制作过程是以天然芳香植物等药材原料与加强葡萄酒调制后，在－10℃的低温条件下冷冻10多天后，再经过蛙藻土过滤机过滤后储存4～5个月制成的。

2. 法国味美思。

法国的味美思按法国酒类法律条文规定，须以80%的白葡萄酒为原料。所用的芳香植物也以苦艾为主。成品酒含糖量较低，为4%左右，呈禾秆黄色，具有老酒香，口味淡雅、苦涩味明显，更具有刺激性。

（1）香百利，主要分两种：HAMBERY 为红苦艾酒芳香浓郁，酒精含量稍高，为18%。XTRA SEC CHAMBERY 为白苦艾酒。

（2）杜瓦尔，制作过程是将植物香料切碎后，与基酒浸泡5～6天，静置澄清14天，再加入苦杏仁壳浸（1：2食用酒精85%浸泡两个月而成），用白兰地混合后装瓶。

（二）比特酒

比特酒又称苦味酒、必打士，是从古代的药酒演变而来的，具有滋补、助消化和兴奋的功效。用于配制比特酒的药材主要用带有苦味的草本植物如阿尔卑斯草、龙胆皮、苦橘皮等，具有一定的苦涩味和药味。以葡萄酒、蒸馏酒或食用酒精为酒基。酒精含量一般在 16％～45％。世界上著名的比特酒主要产自意大利、法国、荷兰、英国、德国、美国等地。

1. 金巴利。

金巴利产自意大利的米兰，最为著名的比特酒之一。其配料为橘皮等草药，苦味主要来自金鸡纳霜。酒精含量为 26％，色泽鲜红，药香浓郁，口味略苦而可口，可加入柠檬皮和苏打水饮用，也可与意大利味美思混饮。

2. 杜本纳。

杜本纳产于法国巴黎。以白葡萄酒、金鸡纳皮奎宁皮及其他草药为原料配制而成，以橡木桶陈化。酒精含量 16％，通常呈暗红色，药香明显，苦中带甜，具有独特的风格。有红白两种，以红色最为著名。美国也有杜本纳的生产。

3. 醒胃酒/安德卜格。

安德卜格产自德国，酒精含量 49％，呈殷红色，具有解酒的作用，这是一种用 40 多种药材、香料浸制而成的烈酒，在德国每天可售出 100 万瓶。通常采用 20 毫升的小瓶包装。

（三）茴香酒

茴香酒是用茴香油与食用酒精或蒸馏酒配制而成的酒。茴香油中含有较多的苦艾素，通常自八角茴香或青茴香中提取，有浓郁的茴香味，饮用时一般需要兑水或加冰块，酒精含量一般在 40％～45％左右。茴香酒以法国的最为著名，它有无色和染色之分，色泽因品种而异，通常具有明亮的光泽。

1. 潘诺，产于法国，酒精含量为 40％。含糖量为 10％。使用了茴香等 15 种药材。呈浅青色，半透明状，具有浓烈的茴香味，饮用时加冰加水呈乳白色。该酒具有一股浓烈的草药气味，既香又甜，很吸引人，可作为上等的烹饪调味料。

2. 巴斯特 51，为染色茴香酒，在调配时为使成品酒口味更为柔顺，加有甘草油。

3. 卡德，为染色茴香酒，这是全世界销量第一的大茴香酒，也是全球销量第三的烈性酒，酒精含量为 45％。

作餐前饮用的酒水除味美思和比特酒外，干型利口酒、干型葡萄酒、干型强化葡萄酒、香槟酒都具有一定的开胃作用。

二、佐餐酒

（一）白佐餐葡萄酒

白佐餐葡萄酒的种类很多，颜色深浅不一，有的清澈无色、有的微黄、有的深黄，颜色越深则越好,含有不同程度的糖分,大多是酸的。香气优美,滋味由绝干和酸到微甜和醇厚。这种酒适于配合白肉、鸡、兔肉、野禽和海鲜共用,起到相辅相成的作用,其味更加鲜美可口。

(二)红佐餐葡萄酒

红葡萄酒大多为干型葡萄酒(糖分含量不超过 4 克/升),味芳醇厚实,有时辛酸甚至发涩(涩味产生于果皮及葡萄籽中所含的草宁酸,能助消化)。名贵的红葡萄酒需用酒篮盛装后再进行服务,有些年代久远的陈酒会出现较多的沉淀物,还需要先进行滗酒(红佐餐葡萄酒服务详见本单元活动二)。红佐餐葡萄酒配合红肉如牛、羊肉,加油脂的面团以及浓调味的食品饮用,其味更为丰美。

(三)葡萄汽酒和香槟酒

葡萄汽酒是一种以葡萄为原料,通过香槟工艺酿制而成的含二氧化碳气体的葡萄酒。这种酒的酒度和佐餐葡萄酒相似,在 10～14 度之间。

香槟酒一般呈金黄色、黄绿色,也有玫瑰色(葡萄汽酒和香槟酒服务详见本单元活动二)。

三、甜食酒

(一)砵酒

根据葡萄牙和英国的法律规定,只有葡萄牙杜罗河谷的锡那-科尔戈和拜索-科尔戈两地区产的,用白兰地强化的,在加亚新镇陈酿的葡萄酒才能称为砵酒。砵酒是世界上最优秀的甜食酒。砵酒和葡萄酒一样受收获年成的影响。好年成酿制的砵酒质量高、风味好。砵酒的好年成一般四五年一次,大致有如下年份:1927、1934、1935、1942、1945、1947、1948、1950、1955、1960、1963、1966、1967、1970、1975、1980、1983、1985,其中最好的年份是 1945、1963、1970、1983。

(二)雪利酒

雪利酒也是世界著名的甜食酒,以加的斯所产的葡萄酒为基酒,勾兑以当地的葡萄蒸馏酒,采用十分特殊的"叠桶法"的方法陈酿,逐年换桶,陈酿 10～20 年时质地最好。

在西班牙,依据具体酿造工艺的不同,雪利酒主要有以下几种类型:菲奴、曼萨尼亚、安曼提那多和欧罗索。这几种雪利酒各有特点,菲奴和曼萨尼亚颜色很浅,味道比较淡,也不甜;欧罗索的颜色很深,味道很丰富,有一点甜;而安曼提那多的颜色和味道介于它们之间。

(三)玛德拉酒

玛德拉酒产于葡萄牙属地玛德拉岛,玛德拉生产的强化葡萄酒酒度 16%～18%。其干型强化葡萄酒是优质的开胃酒;甜型强化葡萄酒是著名的甜食酒,其中远年陈酿的酒是世界上最长寿的酒品之一,至今仍能找到 200 年酒龄的仍然生气勃勃的酒品。

四、餐后酒

(一) 白兰地

欧洲人常把果实蒸馏酒统称为白兰地,葡萄蒸馏酒在果实蒸馏酒中占有重要的地位,白兰地几乎成为葡萄蒸馏酒的代名词,人们交往时常用白兰地泛指葡萄蒸馏酒,其他果实蒸馏酒需在白兰地前注明果实的名称,以免引起误解。例如苹果白兰地、樱桃白兰地等。

法国是世界最著名的白兰地产地,无论是产量还是数量都居世界领先地位,而在法国所有的白兰地产地中以科涅克(Cognac)和阿尔马涅克(Armagnac)白兰地最负盛名,并且在产品上冠上了两地的地名。因此,法国人基本上不用白兰地来称这两种酒,而是直接称为"科涅克"、"阿尔马涅克",同时"科涅克"、"阿尔马涅克"也代表了世界高品质的白兰地酒。

科涅克是闻名世界的优质白兰地产地,白兰地的贮存年份的长短代表了白兰地的品质等级,人们一般用星号和缩写字母来标示白兰地的不同年份。

优质白兰地质量分以下几个级别:

★	代表贮存时间为 3 年
★★	代表贮存时间为 4 年
★★★	代表贮存时间为 5 年
★★★★	代表贮存时间为 6 年
★★★★★	代表贮存时间为 7 至 8 年
V. O (Very Old)	代表贮存时间为 10～12 年
V. S. O (Very Superior Old)	代表贮存时间为 12～20 年
V. S. O. P (Very Superior Old Pale)	代表贮存时间为 20～30 年
X. O (Extra Old)	代表贮存时间为 50 年
X (Extra)	代表贮存时间为 70 年

(二) 威士忌

威士忌是一种用谷类作物为原料的蒸馏酒,酒度一般在 40 度左右,所用谷物有:燕麦、黑麦、大麦、小麦、玉米等,如果只用大麦为原料就叫做纯麦威士忌。一般要经过两次蒸馏后注入橡木桶内贮存 7 年以上,贮存 7～8 年为成品酒,贮存 10～20 年者为最优质成品酒,当酒贮存 20 年以上时酒质反而会下降,但在装瓶后酒质就可以保持不变,所以威士忌最多贮存 20 年。市场上常见的是标以 8 年或 12 年。威士忌主要产于英语国家。按国家分为四类:苏格兰威士忌、爱尔兰威士忌、加拿大威士忌、美国波本威士忌,这四大类威士忌各具特色,品种繁多,风味不一。苏格兰威士忌是最有名的威士忌,它色泽棕红、清澈透明、带有明显的焦香口味。

(三) 朗姆酒

朗姆酒是采用甘蔗或糖浆酿制而成的一种甜酒,是将甘蔗榨汁后熬成糖浆再经过发酵蒸馏注入橡木桶中贮存而成的。朗姆酒依其风格大致可分为五类:白朗姆酒、淡朗姆酒、朗姆老酒、传统朗姆酒、浓香朗姆酒等。酒精度数不同品种分别在40～75度之间。由于糖分含量高,所以一般作为鸡尾酒的基酒,也可以作为餐后酒单饮。

(四)利口酒

利口酒是一种含酒精的饮料,由中性酒如:白兰地、威士忌、朗姆、金酒、伏特加或葡萄酒中加入一定的加味材料(树根、果皮、香料等),经过蒸馏、浸泡、熬煮等过程而成。由于它的口味甚甜,故而也称为甜酒。

利口酒的香气很复杂,少数是用较单一的香原料配置,多数是用数十种甚至一百多种香原料配置。利口酒具有各种各样的色彩,因此,是配制鸡尾酒很重要的加色和加味成分,酒精度为17～30度。利口酒单饮是最好的餐后酒。

 **小知识**

● 国际上最风行的佐餐酒主要品种

1. 白佐餐葡萄酒有莱莹葡萄酒、莎藤,其他白葡萄酒有摩赛尔、霞多丽和西万尼,酒度10～14度。

2. 红佐餐葡萄酒有勃根地、克拉瑞,其他红葡萄酒如波尔多开安特、解百纳等,酒度10～14度。

3. 葡萄汽酒和香槟酒:出产在法国香槟地区的带气泡葡萄酒被称为香槟酒。其他国家地区包括法国生产的葡萄汽酒,尽管口味相同,风格近似,也不能使用"香槟"这个名称,只能写葡萄汽酒。酒度和佐餐葡萄酒相似,在10～14度之间。

● 餐后酒主要品牌

1. 白兰地的著名品牌有:人头马、路易十三、轩尼诗、马爹利等。

2. 威士忌的著名品牌有:格兰威特、皇家芝华士、黑方、红方、皇家礼炮等。

3. 朗姆酒依其风格大致可分为五类:白朗姆酒、淡朗姆酒、朗姆老酒、传统朗姆酒、浓香朗姆酒等。

4. 利口酒较著名品牌有:君度、口立沙、可可乳酒、咖啡利口酒、金万利、石榴利口酒等。

 小提示

1. 凡以具有开胃功能的葡萄酒、蒸馏酒为酒基进行调制的配制酒均属于开胃酒类,配置好的开胃酒比它的酒基具有更明显的开胃功能,而且主要在餐前半小时左右饮用。

2. 葡萄酒是我们餐桌上用到最多的佐餐酒。佐餐酒大多数为干型葡萄酒,白佐餐葡萄酒、红佐餐葡萄酒、葡萄汽酒和香槟酒都可用于佐餐。

3. 不同的菜肴搭配不同的佐餐酒,可以更突显出菜肴的美味。

4. 甜食是西餐的最后一道菜,所以甜食酒音译为"待散(dessert)酒",其字意与其功能相一致,味甜是甜食酒的主要特点。

【想一想】

1. 西餐的餐前酒一般分为哪三大类？有哪些著名的餐前酒？

2. 哪些酒可作为佐餐酒？又如何与菜肴进行搭配呢？

3. 哪些酒可以用来餐后酒饮用？它们有哪些共同特性？起到什么作用呢？

【英语角】

开胃酒	Aperitifs	白兰地	Brandy
味美思	Vermouth	科涅克	Cognac
马天尼	Martini	阿尔马涅克	Armagnac
干马天尼	Dry	醒胃酒/安德卜格	Underberg
半干马天尼	Bianco	潘诺	Pernod
甜马天尼	Sweet	巴斯特51	Pastis 51
卡帕诺	Carpano	卡德	Ricard
香百利	Chambery	威士忌	Whisky
杜瓦尔	Duval	朗姆酒	Rum
比特酒	Bitter	白朗姆酒	White Rum
茴香酒	Anise	淡朗姆酒	Light Rum
金巴利	Campari	朗姆老酒	Old Rum
杜本纳	Dubonnet	传统朗姆老酒	Traditional Rum
砵酒	Port Wine	浓香朗姆酒	Great Aroma Rum
雪利酒	Sherry	利口酒	Liqueurs
玛德拉酒	Madeira		

活动二　服务葡萄酒

一、葡萄酒的服务程序

二、向客人示酒

　　站在客人的右前方进行验酒,用右手握住瓶颈部靠近瓶口部分,左手以服务巾托住瓶底,抓住酒瓶成45度角,将酒标正面朝向客人,供顾客确认酒标是否完整,酒名、产区、年份、品种是否正确,瓶口是否完好。

向客人示酒

三、保持适饮温度

　　如果客人点的是白葡萄酒或香槟酒,应准备好冰桶,放入三分之一冰桶的冰块,并注水到冰桶的三分之二处,将酒瓶放入冰桶内,酒标向上,冰桶边架放置在客人的桌边或餐桌上。并将服务餐巾4折成长条形状盖在冰桶上或挂在桶边的扣环上,方便开瓶时使用。

　　如客人点的是红葡萄酒,则应将酒瓶放进垫有托巾的酒篮中,酒标向上,使客人能看清。红葡萄酒需在饮用之前提前开启,开启后安置在酒篮中放在餐台上,等上菜时再进行斟倒,行话称这个过程叫醒酒。

四、红白葡萄酒的开瓶步骤

　　步骤一:用开酒刀延瓶口第一条线切开铅封的箔纸。

步骤二：揭去封口顶部的箔纸。

步骤三：用服务餐巾将瓶口擦拭干净。

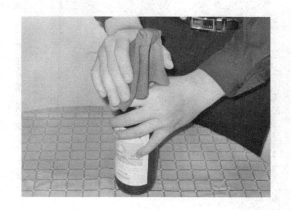

步骤四：用酒钻螺旋钻尖轻轻垂直插入木塞表面的正中部分，固定好以后，垂直旋转钻柄直至钻头的螺纹全部进入软木塞为止，注意不要旋转酒瓶。

步骤五：按下开瓶器的支撑杆小心地扣住瓶口的边缘。

步骤六：垂直提起开瓶器，将软木塞轻轻地往上拉。

步骤七：用手指捏住软木塞下端部分，轻轻地左右摇松已上拉的软木塞；然后将软木塞拔出瓶口；将软木塞以反方向旋转退出开瓶器。

步骤八：用服务餐巾将瓶口擦拭干净。

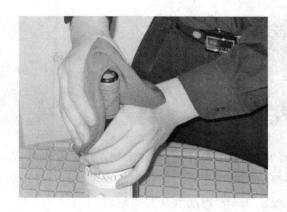

步骤九:检查软木塞的外观是否有异味,将软木塞放入事先准备好的骨盆上,摆放在客人的右侧的餐台上,供客人检测。

五、香槟酒的开瓶步骤

步骤一:用手剥去瓶口的箔纸。

步骤二:左手握住瓶颈,酒瓶成45度的斜角度,同时用大拇指压住瓶塞,用右手转动软木塞外的金属丝帽上的金属小环使至完全松动,取掉金属丝帽。

步骤三：用干净的服务餐巾包住瓶塞顶部，用左手转动酒瓶，动作要轻要慢，使瓶内的气压逐渐增大，慢慢将瓶塞顶出来。当瓶塞离开瓶口时会发出清脆的响声，瓶塞拔出后，要继续使酒瓶仍保持 45 度，以防酒从瓶内喷出。

步骤四：用服务餐巾将瓶口擦拭干净，将软木塞放入事先准备好的骨盆上，摆放在客人的右侧的餐台上，供客人检测。

六、服务客人试酒

开瓶后，接着是为客人提供试酒服务。具体方法：先用一块干净的餐巾擦净瓶口并用餐巾包住食指擦净瓶口的内部。然后服务员在主人的杯中倒五分之一的酒，让其品尝："请您试一下酒好吗？"待主人满意点头认可之后，服务员准备为其他客人斟倒。

七、为客人斟酒

在斟倒白葡萄酒、香槟酒时，须用服务餐巾交叉包裹酒瓶的瓶颈或包裹酒瓶，可避免体温影响酒质或酒瓶内的酒由于温度变化造成酒瓶冒汗出现水珠外滴的现象。红葡萄酒在斟倒时则提篮扣酒瓶或采用徒手斟倒的方法即可。

斟倒酒时，应先女士及年长者优先，最后才为点酒主人倒酒。在斟倒红白葡萄酒时，一般瓶口高于杯口2～4厘米，斟倒有泡白葡萄酒时，要高于杯口10厘米。

红葡萄酒通常注入酒杯二分之一；白葡萄酒斟倒三分之二即可；香槟酒或气泡酒要分两次斟倒，斟倒时要掌握好速度不宜太快，以免泡沫溢出杯子，先斟倒三分之一，待泡沫消退后，再续斟至七分满。酒斟倒完后有剩余的酒如是白葡萄酒应放回冰桶内，红葡萄酒则放回点酒主人的餐桌左侧。

在服务过程中要注意观察，发现客人杯中酒只剩1/3时应及时斟添；为客人斟完红葡萄酒后，将酒篮放在客人可以看见的接手桌上，将叠好的餐巾放在瓶口下以防酒滴出；为客人续白葡萄酒时应将瓶身擦干净，加酒后，将瓶放入冰桶，将叠成条状的餐巾搭在冰桶上；如已将酒倒完，红葡萄酒的操作方法是将酒瓶放在服务桌上礼貌地询问客人是否还需要点酒："您是否再多加一瓶葡萄酒？"如是白葡萄酒、香槟酒则可将冰桶架移到服务桌边，如果酒全部喝完，且酒杯内的酒也喝完不再加点时，可以将酒杯和酒瓶收去。

 **小知识**

● 葡萄酒的分类

1. 按颜色可分为：红葡萄酒、白葡萄酒和粉红葡萄酒。

2. 酿造方式可分为：无发泡型、发泡型和强化型。

● 葡萄酒的最佳饮用温度

酒　水	适饮温度	一般冷藏方法
白葡萄酒	8℃～12℃	放进冰箱2小时或放在冰桶内冰镇30分钟左右。
红葡萄酒	15℃～18℃	一般在常温下即可，如餐厅的温度过高，可暂时将红葡萄酒放进冰箱1小时，以减低10℃左右。
葡萄汽酒(香槟酒)	6℃～10℃	放进冰箱3小时或放在冰桶内冰镇45分钟左右。
玫瑰红葡萄酒	10℃～12℃	放进冰箱2小时或放在冰桶内冰镇30分钟左右。

 **小提示**

● 服务员将酒从酒吧或酒窖取出后上桌前应注意些什么?

顾客点完酒后,服务员将酒从酒吧或酒窖中取出后应小心送到客人面前,要保持平稳,避免摇晃。展示酒前,首先应擦净酒瓶外表的灰尘,并检查酒标是否清洁完整,尽量不要把酒标已霉变的葡萄酒拿上桌。

● 如何服务冰镇过的酒?

经冰镇过的酒瓶外会有凝露,为了不让水珠滴下来,可以用餐巾包裹酒瓶进行服务,但是要注意露出酒瓶标签。

● 葡萄酒的贮存方式

再好的葡萄酒若缺乏妥善的保存,都容易失去应有的品质。葡萄酒是唯一一种装瓶后仍继续成熟、变化的酒,它像有生命的东西一样,经受不了过多的折磨,贮存时必须注意以下几点:

1. 温度对葡萄酒的保质影响很大,通常要求保持在 11 ℃～14 ℃之间并需恒长稳定。

2. 湿度是影响葡萄酒质量的另一重要因素。一般应将相对湿度保持在 70% 左右,以避免湿度过大使软木塞及酒的标签腐烂。湿度过低会使软木塞变得干燥而失去弹性,无法紧封瓶口。

3. 光度也会对葡萄酒质量产生影响,应避免长时间的光照,平时无需照明时,则将灯光熄灭,一些刺目的灯光如日光灯、霓虹灯,极易使酒变质。白葡萄酒被阳光直射后,往往会变成棕色。香槟酒和白酒对光线最敏感,要特别小心。

4. 避免振动,应远离马路、电梯、车库、楼梯等振动源。尤其是年份长的酒,不要常移动,最好放在地窖或能控制温湿度且隔离光线的酒柜中。

5. 不能和白酒、洋葱、大蒜等味道重的食物放在一起,也不能接触、靠近有腐蚀或易发霉、发潮的物品,这些东西会污染损坏葡萄酒。即使葡萄酒瓶外只有微量污染残迹,到开瓶时也容易败坏酒的风味。至于葡萄酒为何不能与蒸馏酒(如白酒、白兰地)一起存放,主要原因是蒸馏酒的酒度高,易挥发,其香气易感染葡萄酒,而这种香气是葡萄酒所忌讳的。

6. 横放在酒架上,使葡萄酒和软木塞接触以保持其湿润,以防软木塞干燥皱缩未能完全紧闭瓶口,引起酒精挥发,空气入侵而使酒质变坏。

 【角色扮演】

扮演服务员向客人示酒。

【练一练】

1. 练习红、白葡萄酒的开启。

2. 练习香槟酒的开启。

3. 练习斟倒红、白葡萄酒和香槟酒。

【英语角】

开瓶刀	corkscrew	白葡萄酒	white wine
吸管	straw	红葡萄酒	red wine
开胃酒	aperitif	玫瑰红葡萄酒	rose wine
甜食酒	dessert wine	葡萄汽酒	sparkling wine
餐后甜酒	liqueur	香槟酒	champagne
餐酒	table wine		

活动三　服务啤酒

一、啤酒的分类

（一）按灭菌工艺分类

1. 生啤，有散装生啤、纯生啤酒、作坊生啤。

（1）散装生啤，指啤酒酿造合格后，不经过巴氏灭菌处理，用特种车或其他的盛器进行装运，销售前压入二氧化碳。生啤口味鲜爽，是夏季消暑的佳品，但由于这类啤酒中有大量的活酵母菌，稳定性差，一般保存时间不宜太长，在低温下一般为一周。只宜当地销售。

（2）纯生啤酒，是采用现代灭菌设备经过 4 次过滤除菌后密封装入不锈钢啤酒桶内，销售时专门配有一台生啤机，边降温边补充二氧化碳。此酒口味鲜美，气体充足，营养丰富，它是具有一定生物稳定性的啤酒，在 0 ℃～8 ℃条件下可保质 20～30 天，是国际上酒质、保鲜、营养三个方面综合评价最为理想的啤酒。

（3）作坊生啤。此酒在国外早已见到，我国自 1994 年起在北京、上海、广州等大城市先后开设了几家作坊生啤酒吧（又称啤酒坊）。其最大的特点是将一套迷你型酿酒设备搬进店堂，在店堂内营造古朴优雅的气氛，吸引广大消费者。作坊生啤的优点是自产自销，现酿现喝，无需灭菌处理及降温保质，酒中保留了全部活体酵母菌，酒液绝对新鲜。缺点是小作坊式生产，缺乏大工业生产所具备的先进设备、优良水质、科学工艺和标准检测等条件,难于酿出一流的美酒。

2. 熟啤。

此类啤酒在酿造合格后,需采用巴氏灭菌处理工艺,以杀掉大量新鲜的酵母菌。这种啤酒多为瓶装或罐装,口味较其他类啤酒稍差,营养价值较低,一般保质期在4～6个月,保存时间过长会出现老熟、氧化。尽管如此,熟啤仍是大众消费的主要品种。

3. 鲜啤。

啤酒酿造合格后,经过板式热交换器,在72 ℃时作瞬时杀菌处理,即可在常温下保鲜2～3个月。其酒质、营养介于生啤和熟啤之间。

(二)按啤酒颜色分类

1. 淡色啤酒。

这类啤酒色泽浅黄,又叫黄啤。用大麦芽和啤酒花作为原料,口味较清爽,酒花香气突出。我国消费者习惯以黄啤为主,并以色泽为佳。

2. 深色啤酒。

这类啤酒酒液呈咖啡色,富有光泽,也称黑啤。用一部分高温烘烤的焦香麦芽和啤酒花为原料,麦芽汁浓度比较高,发酵度较低。口味比较醇厚,有明显的麦芽香味,氨基酸含量也高一些。

二、啤酒服务方式

(一)斟倒技巧

啤酒斟倒服务过程必须注意掌握方法与技巧,将一杯啤酒分两次斟倒,第一次倒入杯子的3/4处,使泡沫不至于溢出(这时你可以先服务其他客人)。过一会儿,再将原先的杯子斟满,使其保持泡沫层,这样既可避免啤酒溢出杯子,又使每杯啤酒都有一层漂亮的泡沫层,应该注意,泡沫层不宜太多也不宜太少,通常泡沫层在杯沿下2厘米为宜。

(二)斟倒方式

斟倒方式通常有两种:一种是使用托盘进行斟倒,将已开启的啤酒放于托盘上,站在客人的右侧,左手托盘右手进行斟倒;另一种是不使用托盘,如果是餐桌服务则站在客人的右侧,如果是吧台服务则当场打开啤酒,用右手拿啤酒,左手拿啤酒杯的底部,杯身以45度角倾斜进行斟倒。约倒满酒杯二分之一时,将酒杯直立。

 小知识

● 饮用啤酒杯具要求

用于啤酒饮用的杯具种类较多,有敦厚、结实玻璃直筒带把的马克杯,通常用来盛

装生啤酒,可盛装半升至一升。也有在很多酒吧现在普遍使用的无把平底啤酒杯或各种异型特色啤酒杯等,容量在8~16盎司之间。西餐厅服务中通常是将啤酒斟倒在饮料杯中。

● 饮用啤酒的温度要求

啤酒适宜低温饮用,一般上桌服务前都要进行冷冻,温度取决于不同的季节,冷冻温度在夏天为6℃~8℃,冬天为10℃~12℃。斟豪华啤酒时温度要略高些。但如果是鲜啤酒,则应温度低些,温度过高会失去其独特的风味。啤酒冷冻的温度不宜太低,太凉了会使啤酒淡而无味失去泡沫,饮用的温度过高又会产生过多的泡沫,甚至苦味太浓。

 【练一练】

练习啤酒服务。

活动四　服务咖啡和红茶

一、普通咖啡的服务

服务普通咖啡时,先要准备好咖啡杯、碟、茶匙,还要准备好糖缸、奶盅,里面要倒半杯牛奶(可以应客人的要求换成淡奶或是脱脂牛奶),牛奶要用咖啡机上蒸汽头打热,准备工作做好后在咖啡机上放一杯咖啡(选择普通咖啡键),连同其他物品一起托到客人面前。先放奶盅和糖,再放咖啡杯。在服务咖啡时咖啡杯的柄和茶匙柄要朝客人右手边方便客人拿。

二、特种咖啡的服务

1. 特浓咖啡的服务。

特浓咖啡是一种浓度极高的咖啡,咖啡因含量很高,许多西方人喜欢在早餐后来一杯特浓咖啡提神醒脑。要准备特浓咖啡专用咖啡杯、碟和茶匙,同样也要准备糖和奶,在咖啡机上选择特浓咖啡键就可以了,如果客人需要双倍特浓咖啡,可以在咖啡机上按两次键放在一个杯子里就可以了。

2. 卡普契诺的服务。

准备工作除了普通咖啡杯、碟、茶匙之外,只要再准备糖就可以了,先将牛奶打出奶泡注入杯底,再将咖啡注入至满杯,最后按客人要求撒上可可粉或肉桂粉。

3. 拿铁的服务。

同卡普契诺的准备工作及做法的区别只是最后不放可可粉或肉桂粉。

4. 冰咖啡的服务。

冰咖啡是在玻璃冰水杯内放冰块，冲入事先冷却好的咖啡，放上搅拌棒和吸管，准备好奶盅（奶不用打热）和糖油（一种经过熬制的糖水，用于冷的饮料，也装在奶盅里）。上桌时先上奶和糖油再上咖啡。

5. 低因咖啡。

这是一种经过处理后咖啡因含量极低的咖啡，需用专用的咖啡粉，其服务方式同普通咖啡。

三、红茶的服务

当客人点了红茶没有做其他要求时，我们应准备茶壶（里面泡一个茶包），准备茶杯、茶碟、茶匙、糖缸和奶盅。给客人上茶时，先放糖缸和奶盅再放茶壶，最后放茶杯。

 **小知识**

● 咖啡用糖的选择

与咖啡搭配的糖要供应不同的品种供客人选择，一般有三种：普通白糖、黄糖和适合于糖尿病及控制体重者用的健康糖。

● 咖啡杯的选用

咖啡杯有多种，不同款式的咖啡其配用的咖啡杯也有所不同。特浓咖啡选择小的咖啡杯，冰咖啡则用选择玻璃的咖啡杯，而一般都用带底垫的瓷质咖啡杯。

 小提示

1. 花式咖啡通常用于咖啡厅单独点用，客人用餐前后通常饮用普通咖啡或红茶。
2. 在酒店，普通咖啡杯与红茶杯通常是通用的。

 【练一练】

1. 练习不同品种的咖啡理盘方式。
2. 练习红茶服务的理盘方式。

咖啡	Coffee	拿铁	Coffee Natty
特浓咖啡	Espresso	冰咖啡	Ice Coffee
双倍特浓咖啡	Double Espresso	低因咖啡	Decaffeinated Coffee
卡普契诺	Cappuccino	柠檬茶	lemon tea
红茶	black tea	伯爵红茶	Earl Grey tea
绿茶	green tea	乌龙茶	Wu Long tea
花茶	jasmine tea	奶茶	milk tea
薄荷茶	mint tea		

测 试 题

一、判断题(下列判断正确的请打"√",错误的打"×")

1. 开胃酒或鸡尾酒既可以开胃又能帮助消化,作为最佳的餐后饮用酒。　　　(　　)

2. 比特酒又称苦味酒、必打士,是从古代的药酒演变而来的,具有滋补、助消化和兴奋的功效。　　　(　　)

3. 作餐前饮用的除味美思和比特酒外,干型利口、干型葡萄酒、干型强化葡萄酒、香槟酒都具有一定的开胃作用。　　　(　　)

4. 佐餐酒大多数为干型葡萄酒,白佐餐葡萄酒、红佐餐葡萄酒、葡萄汽酒和香槟酒都可用于佐餐。　　　(　　)

5. 玛德拉生产的强化葡萄酒酒度 16~18 度。其甜型强化葡萄酒是优质的开胃酒;干型强化葡萄酒是著名的甜食酒。　　　(　　)

6. ★★★★代表白兰地的贮存时间为 4 年。　　　(　　)

7. V. S. O. P 代表贮存时间为 20~30 年。　　　(　　)

8. 威士忌贮存的时间越长越好。　　　(　　)

9. 利口酒的香气很复杂,具有各种各样的色彩。　　　(　　)

10. 为客人服务酒时,应女士及年长者优先,最后才为点酒主人倒酒。　　　(　　)

11. 通常红葡萄酒注入酒杯三分之二;白葡萄酒斟倒二分之一。　　　(　　)

12. 温度对葡萄酒的保质影响很大,通常要求保持在 11 ℃~14 ℃之间并需恒长稳定。(　　)

13. 啤酒适宜低温饮用,一般上桌服务前都要进行冷冻,冷冻的温度越低越好。(　　)

14. 葡萄酒为何不能与蒸馏酒一起存放,主要原因是蒸馏酒的酒度高,易挥发,其香气易感染葡萄酒。 （   ）

二、单选题

1. 餐前酒可分为三大类:_____。
   A. 味美思、比特酒、砵酒   B. 比特酒、茴香酒、雪利酒
   C. 茴香酒、味美思、白兰地   D. 味美思、比特酒、茴香酒

2. 马天尼、卡帕诺、香百利、杜瓦尔属_____。
   A. 朗姆   B. 威士忌   C. 白兰地   D. 味美思

3. 香百利产于_____。
   A. 美国   B. 法国   C. 意大利   D. 德国

4. 以下具有茴香味的酒是_____。
   A. 潘诺   B. 香百利   C. 卡帕诺   D. 马天尼

5. 以下可做餐前开胃酒的是_____。
   A. 雪利酒   B. 马天尼   C. 卡帕诺   D. 白兰地

6. 葡萄汽酒的酒度和佐餐葡萄酒相似,在_____之间。
   A. 4~8 度   B. 6~10 度   C. 8~12 度   D. 10~14 度

7. 世界上最优秀的甜食酒是_____。
   A. 朗姆   B. 威士忌   C. 砵酒   D. 白兰地

8. 以下不属于利口酒的是_____。
   A. 君度   B. 金万利   C. 可可乳酒   D. 味美思

9. 威士忌是一种用谷类作物为原料的蒸馏酒,一般要经过两次蒸馏后注入橡木桶内贮存 7 年以上,贮存_____为最优质成品酒。
   A. 10~12 年   B. 10~20 年   C. 10~30 年   D. 10~40 年

10. X. O 代表贮存时间为_____。
    A. 10~12 年   B. 12~20 年   C. 20~30 年   D. 50 年

11. 格兰威特、皇家芝华士、皇家礼炮、黑方、红方是_____。
    A. 朗姆   B. 威士忌   C. 砵酒   D. 白兰地

12. 白葡萄酒适饮温度_____。
    A. 6 ℃~10 ℃   B. 8 ℃~12 ℃   C. 10 ℃~12 ℃   D. 15 ℃~18 ℃

13. 可以和任何菜肴配饮的酒是_____。
    A. 威士忌   B. 白兰地   C. 葡萄汽酒   D. 朗姆

14. 甜品一般不配饮_____。
    A. 香槟酒   B. 发泡酒   C. 甜型白葡萄酒   D. 干型白葡萄酒

第五单元

零餐服务

任务与目标

■ 学会为客人点菜服务

■ 学会餐饮产品推销的技巧

■ 掌握就餐服务程序与方法

■ 掌握餐厅结账服务操作程序方法

■ 学会如何接待特别客人

■ 学会预防和处理意外事故的发生

■ 了解咖啡厅服务程序与方法

■ 了解扒房服务程序与方法

活动一　为客人服务点菜

一、呈递菜单

呈递菜单要看清人数,菜单应每人一份,酒单通常每桌一份,如人数众多,则可隔几人送一份。菜单应保持崭新干净,如菜单上有污渍应立即更换,不能将这种菜单交给客人。

呈递菜单应走到客人的身边轻轻递上,不能隔开很远伸着手递送。呈递菜单的方法有以下两种:

1. 合上封面,使顾客可以欣赏一下菜单封面的图案。

2. 打开封面,翻到菜单的第一页,使顾客可以阅读菜单。

但无论采用哪种方式,服务员都应握住菜单的上端,使客人可以接住菜单的下端。先递给女宾或主要宾客,说:"小姐(先生),请看菜单。"再依次递给每位客人,酒单应递给男宾:"先生,这是酒单。"

二、招呼客人点菜

何时可以接受客人点菜?

在"了解"客人方面,读懂客人"肢体语言"的作用很大。服务员要注意仔细观察客人肢体语言发出的信号,例如竖起食指,合上菜单本,挥一下手,一个小动作,点一下头或者带有询问含义的眼神等都可以表示客人已经准备就绪,可以点菜。而若客人双手交叉胸前,则说明他们犹豫不决,不知所措(也许他们是第一次上这家餐馆)。他们需要服务员的指点。服务员应集中思想,注意观察客人的肢体语言所发出的信号。

当发现客人有意点菜时,主动迎上前:"请问餐前需要些什么酒水? 来一些鸡尾酒、啤酒、或是果汁,您看怎样?"然后向客人介绍几种鸡尾酒或餐前酒。如果客人不点餐前酒,则问客人:"我可以为您点菜吗?"

在西餐中,客人往往各自点菜,有时,在一批客人中,主人会为他所邀请的客人点菜。这时,服务员应先招呼这位主人,如果主人是请客人各自点菜的话,则从主人右边的客人开始,或者从其中的一位女客人开始,有时也可从已经准备好的那位客人开始。服务员在招呼客人点菜时态度要热情,要有礼貌,面带微笑,灵活掌握。

三、接受点菜

(一) 点菜服务姿态

端正地站立在客人的斜后方,能够看到客人面部表情的地方,手拿点菜记录本和笔,记录时,不能趴在餐桌上。

(二) 填写点菜单

1. 定位编号。

是将每位客人和他所点的菜对号。由于西餐是采用分食制就餐形式,所以在点菜时要每个客人分开点。为了方便记忆,通常需要记录第一个点菜客人,具体的做法是:从一批客人中的其中一位开始,一般可以选择按餐厅统一规定朝向的座位为 1 号,然后顺时针方向地依次为 2 号。在给客人点菜前先在点菜草单上注明每位客人的编号,把客人点的菜写在相应编号后,如果是男女两名客人用餐我们可以在草单上简单地注明男、女就可以了。这样在上菜时就能够准确地端上每个客人所点的菜,而不需要一一询问。

2. 点菜单的填写。

服务员要根据点菜单上的栏目,逐项进行填写,例如台号、人数、菜名、菜肴数量等。还要将客人号和对菜肴的特别要求准确、完整地记录在点菜单的备注栏里。例如:选用何种色拉调味汁;主菜选用何种蔬菜配菜和沙司;肉排的老嫩程度;鸡蛋的老嫩程度即煮鸡蛋需煮几分钟,煎蛋是双面的还是单面的;何时上咖啡,因为西方人有餐前用咖啡和餐后用咖啡两种习惯。如使用速写,需使用在厨房里通用的那些记号,并且字迹要清晰可看。

(三) 复述点菜内容

服务员在记录完客人的点菜以后,为了避免差错,应向客人复述一遍所点的菜肴,以便客人确认。

（四）把点菜单送入厨房

　　将客人点的菜和酒水填写在正式三联点菜单上，同时将菜单和酒单交给领位员。点菜单一联交给账台，一联送到厨房，另一联留在备菜间，点菜草单作为自己服务时的参考。现已有较多的酒店都使用电脑掌上宝进行点菜，已省略了此过程。

（五）向厨房定菜

　　服务员在开好点菜单后，将点菜单的厨房联送入厨房交厨师长，待厨师长进行安排。点菜单上有特别要求的要与厨师长解释清楚。

 **小提示**

填写点菜单时要注意：
1. 将客人与其所点的菜肴对号；定位编号准确。
2. 书写清楚，符合规格；
3. 信息要准确、完整；
4. 缩写标准，不随意简化。

 **小知识**

● 西餐中主菜与蔬菜的搭配

　　西餐中一般每道主菜都有搭配的蔬菜供应，但是量比较少。例如：西方人常用土豆搭配肉类，将土豆做成土豆泥、炸土豆条、烤土豆等。

● 常见主菜搭配沙司

　　牛排搭配蛋黄酱或烧汁，羊排搭配薄荷酱，鱼排搭配柠檬黄油或罗勒香蒜酱。

● 肉排的成熟程度及形态

成熟度	英语缩写	全　称	形　态
一成熟	R	Rare	表面为浅褐色，放置在盘中有血水渗出，切开后除表面成熟，其余全部为生肉，呈红色。
三成熟	M. R	Medium Rare	表面呈褐色，切开后有血水渗出，中间为红色生肉。
五成熟	M	Medium	表面呈褐色，切开后中间呈粉红色，没有血水流出。
全　熟	W	Well－done	表面深褐色，切开后肉质发白，中间略呈粉红色，用刀背按肉质较硬，弹性较差。

【英语角】

土豆泥	mashed potatoes	全熟的	well-done
炸土豆条	French Fries	鸡肉	chicken
烤土豆	baked potatoes	里脊肉	fliet
蛋黄酱	béarnaise	牛排	steak
烧汁	gravy	熏肉	bacon
薄荷酱	mint sauce	生菜	lettuce
柠檬黄油	lemon butter	番茄	tomato
罗勒香蒜酱	Basil Pesto Sauce	三明治	sandwich
生的	rare	汉堡包	hamburger
半生的	medium rare		

● 餐厅点菜英语缩写

全　　称	英语缩写	全　　称	英语缩写	全　　称	英语缩写
Chicken	Ch	Chopped Steak	Stk, Chop	Tossed Salad	Toss
French Fries	F. F	Rare	R	Hamburger	Hb
Filer Mignon	F. M	Medium Rare	M. R	Casserole	Cass
Butt Steak	Stk, Butt	Medium	M	Coffee	Cof
Strip Steak	Stk, Strip	Well-done	W		

活动二　帮助推荐食品饮料

在西餐厅工作经常会碰到顾客不了解餐厅菜肴的风味特色而要求服务员进行推荐或征求服务员意见的,所以作为一名西餐厅服务员,必须对本餐厅的所有菜肴的风味特色、烹饪方法、主料配料等有一个全面的了解,同时这也有利于服务员更好地做好促销工作。

一、了解需求

在给客人推荐菜肴时首先要了解客人的喜好,可以先征求客人意见:"请问先生(小姐),您在饮食上有什么忌讳吗?"或:"有哪些食品是您所不喜欢的?""您喜欢口味清淡点的菜肴还是浓一点的?"

二、推荐特色菜肴

如果客人没有特别的要求,服务员可以推荐餐厅的特色菜肴,因为该菜肴之所以成为特色一定是得到大多数客人认可的。在推荐时还要向客人简单地介绍一下该菜肴的制作方法,它的主料、配料及口味特色。如果客人只点了主菜,服务人员可以告诉客人主菜的制作时间相对较长(需要明确大约需要多少时间),在等候的时间里是否需要开胃菜或汤。

三、向客人推荐酒类

当客人点了主菜或是鱼类,服务员可以适时地向客人推荐与之相搭配的酒水。如客人点了牛排,服务员可以询问客人:"请问您需要红酒搭配您的牛排吗?我们这里最近推出了一种澳洲红酒,客人的反响都很好,您一个人可以单点一杯。"

四、向客人推荐饮料

客人入座后可以先不为客人斟倒冰水而是询问:"请问先生(小姐),需要什么饮料?我们有鲜榨的各种果汁、矿泉水、苏打水。"如果客人说只要水,也可以询问:"请问您需要什么样的矿泉水?带气的还是不带气的?"如果客人说不带气的,则可以推荐"依云",如果客人说只要一般的矿泉水就可以了,那么再给客人倒上普通的冰水。

五、向客人推荐甜点

当客人吃完主菜时可以将甜品菜单递给客人,询问客人是否需要饭后甜点。在推荐时要注意不要只问客人还需要什么,而应该列举若干品种供客人选择,例如:"这个食品和那个食品您喜欢哪一个?"

六、推销特别活动

当近期饭店有特殊活动时可以向客人推荐,比如圣诞节套餐:"先生(小姐),圣诞节马上就要到了我们酒店在圣诞夜推出了圣诞套餐×元一位,包括一道主菜和一道配菜,开胃菜和甜品自助,酒水畅饮,到时我们请了本市著名的乐队现场演奏还有抽奖活动,非常划算,现在位置已经订得差不多了,您需要我为您预订吗?"

 **小提示**

推荐食品要注意:
1. 态度要诚恳。
2. 注意使用敬语。
3. 注意说话时的语音、语调、语速。

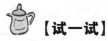

【试一试】

请你为六位客人开一份点菜草单。

【角色扮演】

模拟进行餐厅点菜服务。

活动三　就餐服务

在客人点完菜后,服务员即为客人提供就餐服务。

一、根据点菜单重新布置餐桌

客人点完菜后根据客人所点的菜肴将餐桌的基本布置改成点菜摆法,以合乎客人点的菜。如客人只点了汤和牛排,那么值台服务员就应该将主菜刀换成牛排刀;如果客人点了龙虾或螃蟹就要为客人准备好蟹钳和钎。根据客人点的酒水摆上相应的酒杯。不管是添减餐具还是酒杯都应该用正确的手势拿餐具,并注意要先放后收。在更换餐具时尽可能避免影响客人的交谈,如一定要越过客人的胸前,就必须说声"对不起"。

二、给客人上菜及台面服务

(一)上菜的基本方法

1. 女士优先原则。通常的礼貌都是先女士和年长的客人优先。

2. 左边上菜用左手,右边上菜用右手。

3. 按前菜——汤——主菜——甜品——咖啡或茶的上菜顺序进行。

(二)菜肴服务顺序方法

1. 前菜。

前菜的服务有三种方式:服务车式、装盘式、派菜式。服务车式是将几种可供选择的冷菜放在服务车上送到餐桌前,由客人自由选用。装盘式是将冷前菜预先在厨房装好盘,用服务车送进餐厅提供给客人。派菜式是将前菜放在大盘中,由服务员直接送进餐厅,用服务叉勺分到客人的餐盘中。

分派前菜应注意:(1)前菜应放在客人的正前方。(2)前菜一般使用小刀、小叉。(3)特殊菜肴使用特殊刀叉。例如,提供蜗牛时应用蜗牛盘和蜗牛叉;提供虾仁杯、蟹肉杯等海鲜类开胃品时要给客人送上海鲜叉,也可以将海鲜叉摆放在垫盘的上右边与菜肴一起送上。

2. 汤。

汤可以代替前菜先上,也可以作为第二道菜上。热汤要用加热的盛器,上台时提醒客人小心,带有盖子的汤盅上桌以后,要将盖揭去拿走。热汤一般用深底汤盆提供服务,冷汤用汤杯提供服务。汤要摆在席位的正中。

3. 面包。

面包在汤菜之后提供,也可在汤菜之前提供。可放在面包篮里或服务车上提供服务。

4. 色拉。

色拉应从客人的左侧送上,可放在面包盘的上方,或将面包盘往上挪动一下,放在面包盘的位置上。色拉使用什么调味汁要首先征求客人的意见。色拉的上菜时间一般放在主菜前上,也有放在主菜后上的做法。

5. 主菜。

主菜是一餐中的主要部分,餐具必须与选定的主菜相对应,如吃牛排要配牛排刀,吃龙虾时要配龙虾开壳夹和海味叉;吃鱼类要配鱼刀、鱼叉等。主菜送上后应迅速地为客人提供沙司。沙司一般放在沙司盅内由服务员依次为客人进行服务。主菜要放在摆台的正中位置,并要注意将肉食鲜嫩的一面朝向客人。

6. 奶酪、甜品、水果。

一般上甜品前先请客人点奶酪。提供奶酪服务时,服务员应将若干个品种的奶酪放在大浅底盘中送到餐桌,先请客人欣赏,然后请客人自行挑选,再由服务员用肉刀切割奶酪分派到客人的餐盘中。切割不同品种的奶酪不能使用同一把刀。甜品是最后一道食品,上甜品前应将主菜餐具及盐瓶、胡椒瓶等撤去,收去除水杯、咖啡杯外所有的不用餐具,并抹掉餐桌上的面包屑等。提供甜品服务时使用甜品刀、叉,一般在客人点了甜品后再摆上需要的餐具,有的餐厅则在上甜品时将餐具放在甜品盘内一同送上。上水果时不能忘记放洗手盅,盅内盛放 1/3 温水,放在铺有餐巾纸的垫盘中提供,通常摆在客人的左侧(在提供烧对虾、烧鸡块等菜肴时,也要准备洗手盅)。

7. 咖啡或茶。

一般有两种方法服务,如果是套餐服务一般用餐后用咖啡杯提供服务;多数的餐厅的做法则是预先在餐桌上摆好咖啡杯,然后用咖啡壶进行服务。在斟倒咖啡、酒水、饮料时不要从餐桌上拿起杯具斟饮料。如果为座位很紧的一批客人斟热饮料时,左手要拿块干净、叠好的餐巾把客人挡住,以免客人碰到热烫的饮料盛器。

(三) 台面服务

1. 撤脏盆子。

要在餐桌上所有的客人都吃完一道菜后再进行撤盆,在上下一道菜品时,将所有用过的脏盘子和用具全部撤下。

2. 收盘。

要用右手从客人的右侧撤下盘子,然后按顺时针方向绕台进行。

 小提示

● 上菜注意事项

1. 第一道菜不能让客人久等。

2. 热菜要趁热上,冷菜趁冷;热菜用热餐具,冷菜用冷餐具。

3. 不让客人等菜,也不让菜等客人。

● 鱼菜的服务方法

1. 分给客人的鱼(如有鱼头鱼尾)或虾,放在餐盘中鱼头朝向客人的左侧,鱼尾朝右侧。

2. 鱼菜的蔬菜配料一般有煮土豆、荷兰芹、柠檬,通常放在餐盘的上部,从左到右按荷兰芹、煮土豆、柠檬的顺序排列。荷兰芹可消除食用鱼菜后口腔中残留的腥味,土豆能帮助消化,柠檬放在鱼上可消除食用时的腥味。

3. 与鱼菜搭配使用的调味汁因鱼菜的烹调方法不同而不同,煎烤鱼类用鞑靼汁,面拖鱼类菜用文也汁;扒房里的鱼菜搭配使用的调味汁有黄油汁等。另外不同的调味汁服务的方法也不同。

4. 鞑靼汁不直接浇在鱼菜上,液状的黄油汁将三分之一轻轻浇在鱼菜上,三分之二放在客人餐盘下部靠近盘子边沿的地方。其次调味汁不能撒到蔬菜配料上去。这些服务员都必须十分注意。

 【角色扮演】

1. 模拟练习根据客人所点的菜肴,重新布置餐桌。

2. 模拟进行西餐菜肴服务。

活动四　结账服务

餐厅最为常见的结账方式有现金结账、信用卡结账、支票结账和签单结账等。

一、现金结账操作程序与方法

1. 当客人示意结账时,用收银夹或收银盘将账单送给客人:"这是您的账单。"

2. 双手将收银夹递给客人并打开收银夹。

3. 不要主动、大声报出账单的金额。

4. 收受的现金要当面点清,并向客人表示感谢。

5. 将现金放在收银夹或收银盘内送交账台。然后将找零和发票一同用收银夹或收银盘交给客人。并让客人当面点清。再次表示感谢。

二、信用卡结账操作程序与方法

1. 当客人示意结账时,用账单夹或收银盘将账单递送给客人:"这是您的账单。"

2. 检查持卡人性别、信用卡有效期,并向客人致谢。

3. 将信用卡和账单送交收银台。

4. 刷卡办理结账手续。

5. 回到客人座位,请客人确认账单金额并在信用卡签购单上签名。

6. 核对客人签名是否与信用卡背后签名相同。

7. 将"顾客副本"的存根、信用卡、交还客人,正本由收银员保管。

8. 再次向客人礼貌致谢。

三、支票结账操作程序与方法

1. 当客人示意结账时,用收银夹或收银盘将账单送给客人:"这是您的账单。"

2. 当客人递过支票结账时,服务员应请客人出示有效证件,并礼貌向宾客致谢。然后将支票放在支票夹中或与发票一起放在收银夹或收银盘中交给账台。

3. 由账台核对支票的有效期限,检查支票有关印章、电脑密码等。

4. 收银员填写支票,复印有效证件如身份证,并留下客人电话,以便联系。

5. 将支票存根、有关证件和发票送还客人,并礼貌致谢。

四、签单结账操作程序与方法

1. 当客人示意结账时,用收银夹或收银盘将账单递给客人:"这是您的账单。"

2. 当客人提出要签单结账时,服务员应请客人出示房卡,然后递上笔,并为客人指点签名处。核清客人的房卡和签名,并向客人致谢。

3. 将签好的账单迅速交账台收银员核对。

4. 收银员将账单的正本留存,第二联交总台,以便在客人离店时结算。

【角色扮演】

练习为客人进行结账服务。

【英语角】

现金	cash	账单	bill
信用卡	credit card	合计	total
支付	pay		

活动五　服务特别客人

在餐厅的接待服务过程中,经常会遇到各种年龄和不同身份的客人,对于这些客人应如何为他们进行服务呢?

一、接待儿童

小孩对周围的事物永远充满好奇,活泼好动是孩子的天性,所以在接待带小孩的客人时保证儿童的安全是第一考虑因素。

1. 安排在周围有墙的角落。这样小孩有一定的活动空间但又不会影响到其他人尤其是服务员的工作。千万不能把儿童客人安排在靠近走廊的位置,这样不光小孩的活动会影响到周围的人,而且会造成对小孩的安全隐患。

2. 刀叉之类餐具要远离小孩。比如穿食物用的竹签在客人吃完上面的食物后要及时收走,以免孩子拣起造成安全威胁。

3. 不要轻易去逗弄小孩。小孩的天真烂漫非常讨人喜欢,加之有的服务员本身又非常喜欢小孩,但没有把握不要轻易去逗小孩,万一把小孩给逗得大哭反而会造成尴尬,也影响其他客人的用餐。也有的客人不愿意陌生人接触他的孩子,所以在这方面服务员也要有所忌讳。

4. 远离烫食。刚上桌的热菜都很烫,这时要注意放在小孩够不到的地方避免烫伤事故的发生。

二、接待老人

多数老人行动迟缓,听力及理解能力较差,所以要求服务员细心观察、耐心解释。如果发现老人听力不好要提高音量,要及时帮助老人入座和离座,应该推荐软烂食物方便咀嚼,饮料注意不要太冰或是太烫。

三、接待残障客人

残障客人应该安排在靠近出入口的位置方便他们的进出。如果是自助餐厅,则应安排在靠近自助餐台的位置,这样方便他们取菜,或者指挥服务员取菜。对于残障客人,服务人员既要给予特别的照顾,但又不能显得过分,不要用可怜和同情的眼光看待残疾人,对于残疾人的服务更重要的是满足他们的心理需求。

活动六 预防及应对餐厅意外事故

客人到餐厅就餐不仅仅是为了满足饱腹这样一个简单的生理需求,更是为了在优雅、放松、舒适的环境下悠闲地享受美食。所以餐厅服务人员要尽一切努力给顾客创造一个安全、舒适、幽雅的就餐环境,杜绝安全隐患,正确处理突发情况。

1. 绊倒和滑倒是餐厅里最常发生的事故,所以要求工作人员在每餐开餐前都仔细检查一遍餐厅地面,看是否有裸露在外的电线,地毯的拼缝是否平整。如有上述情况应立即通知工程部处理,如无法在开餐前完成的一定要放置警示标志。餐厅的大理石地面尤其是楼梯一旦沾到水就非常滑,所以服务员要随时注意大理石地面上是否有水迹,一旦发现要立即处理,并在水迹未干前放置"小心滑倒"的警示牌。

2. 食物中毒事件的发生是所有餐厅的致命打击,所以做好食品卫生工作是非常重要的。虽然食品大部分时间是在厨房由厨师处理,但也要经过服务员的手,所以服务员在将菜肴端到客人面前时要仔细检查食物的外观质量,发现有异味、异物或与平时标准不统一的要立即退回厨房要求重新返工,不要等到菜肴端上桌后再由客人发现问题,或是等客人吃下食物以后才发现问题。

3. 预防失窃事件的发生。餐厅人员流动性大,客人在用餐时由于注意力集中在菜肴上,所以往往对自己的物品放松警惕,也就是在这种情况下有些不法分子乘客人不备偷窃客人财物。餐厅服务员有义务也有责任保护就餐客人的个人财物。为了预防餐厅失窃事件的发生,下列情况应该引起警觉:

(1)客人用餐时将随身携带的包放在身边的椅子上,而背后又有一名客人坐着不点任何食物或是只点最便宜的饮料。

(2)客人将外衣披在身后的椅背上,背后同样坐着一名如上述情况一样的不点餐或象征性点餐的客人。

(3)两名客人本来一同进入餐厅坐在同一张桌子上,可突然两人分开坐到不同的桌子边,并且周围有上述前两种放置衣物和包的客人。

（4）客人一进餐厅就拿着手机打电话，自己找位子坐下，不给服务员以插话的机会。

当服务人员发现有这类人员出现时要及时严加注意，同时及时通知保安部，尽可能避免盗窃分子动手。最好的方法是服务人员始终守在嫌疑对象身边，让他感到没有机会动手而离开。

 【想一想】

请同学们根据所学过的知识比较分析为老人、儿童、残障客人服务各有何特点。怎样为上述客人提供针对性服务？

活动七　咖啡厅服务

一、零点早餐服务

（一）餐前准备

准备好果酱、黄油、面包、果汁、咖啡、茶等。

（二）迎宾入座

领位员向宾客微笑问好，问清宾客就餐人数，将宾客带到合适的餐桌，拉椅让座。递呈菜单。

（三）咖啡或茶服务

在客人点菜前，先问宾客需要咖啡或茶。

（四）点菜服务

1. 记录点菜单。客人点蛋类食品需问清烹调方式，如煎蛋是单面煎还是双面煎；问清烹调时间，如需要几分钟煮蛋；问清所配肉类。如配熏肉、香肠还是火腿。

2. 将点菜单送入厨房备菜。

（五）调整餐具、准备配料

根据客人所点的菜肴品种进行二次铺台，调整添加餐具；备妥食物的配料放在餐桌上，如烤面包应备有的果酱、黄油等。

（六）就餐服务

1. 美式服务：

（1）送上果汁；

（2）送上谷物类食品；

（3）送上蛋类配肉类食品、烤面包、黄油、果酱；

（4）收去已用完的求司杯。

2. 欧式服务:

(1) 送上果汁;

(2) 送上各式面包、黄油、果酱。

(七) 咖啡或茶服务

客人用餐完毕,要清理台面、收去餐具(在客人未离座前不要收客人未饮用完的饮料杯),根据客人需要提供咖啡或茶服务。

(八) 结账服务

1. 提前检查核对账单,保证准确无误,将账单开好放入收银夹内并准备好笔。

2. 按照结账程序为宾客结账服务,要求准确、快捷。

(九) 送客服务

拉椅送客并检查餐桌上是否有客人遗留物品,与客人道别欢迎客人再次光临。

(十) 清理台面、重新铺台

清理台面并重新铺台,做好迎接下一批客人的准备工作。

咖啡厅零点早餐服务程序

二、零点午晚餐服务

（一）介绍鸡尾酒或饮料

当客人入座后，值台服务员在客人点菜前首先向客人介绍几款鸡尾酒和餐前酒，如果客人不要鸡尾酒的话，应推荐一些其他饮料。

（二）服务鸡尾酒或饮料

为客人上鸡尾酒或饮料。

（三）呈递菜单、介绍菜肴

餐厅服务员应主动为客人介绍餐厅的当日特选菜肴。

（四）接受点菜

当客人看过菜单有意向点菜时，服务员应上前为客人点菜。记录客人所要点的菜肴食品。向客人复述一遍所点的菜肴，以便客人确认。

（五）调整餐具

客人点完菜后根据客人所点的菜肴收取或添加餐具。

（六）席间服务

1. 上面包。给客人送上烘热的面包，将面包放在专用的面包篮或餐盘里，里面要放上折叠好的餐巾，这样可以给面包保温，同时要送上黄油。

2. 上前菜。如果客人点开胃冷菜应首先送上。

3. 上汤。汤盅可垫用餐巾折叠荷花的花型，既美观又保温。

4. 上主菜。主菜的摆放应将盆中肉的部分放在盆子的下半部分（靠近客人的前边），蔬菜配菜部分放在盆子的上端，跟配色拉，可将色拉钵放在上主菜盆的左前上方，在上主菜前应先给客人斟酒（如果客人点酒的话）。通常菜在客人的右侧送上，在客人的左侧送上沙司。

5. 征求客人对菜肴食品的质量是否满意，以示对客人的关心。

6. 当客人全部用完主菜后，清除餐桌上所有的盆、碟和剩余的食物，用干净的服务巾或面包滚将台面上的面包屑等扫除到一只碟子里，并收去餐桌上的调味品。

7. 向客人介绍甜品、开点菜单。

8. 送上甜品、咖啡，根据客人的需求添加冰水。

9. 向客人推荐餐后酒。

10. 送上餐后酒，添加咖啡。

（七）结账服务

在客人结账前，需要询问客人是否还要添加其他什么东西，如客人表示没有的话，服务员在客人结账前应到收银台对账单进行核对，检查完账单后提前用收银夹夹好，在收银夹里还要放一支笔，准备给客人签单用。当客人要求结账时，手拿准备好的收银夹，迅速走到客人的身边用双手打开收银夹，托到客人面前替客人结账。

(八) 拉椅送客

当客人结账完毕,服务员应向客人道谢。当客人起身离座时,服务员应把椅子轻轻向后拉以方便客人离座。提醒客人不要有东西遗忘,同时也帮助检查一遍。跟在客人身后礼貌地送客人离开餐厅,再一次对客人表示感谢,欢迎客人再次光临。

(九) 清理台面、重新铺台

当客人离开餐厅时,值台服务员应该开始清理台面为迎接下一位客人做好准备。先检查是否有客人遗留物品,如有应及时归还,不能归还的应交餐厅经理负责保管。清理台面餐具应按顺序并且分门别类进行,不可将所有的餐具、酒具、餐巾等混在一起收。先收银器餐具,然后收餐巾、小毛巾,再收玻璃酒具,接着收瓷器等。按照餐厅规定要求重新布置台面,摆齐桌椅,并收拾好工作台,补充必备品,归还所借的服务用品。

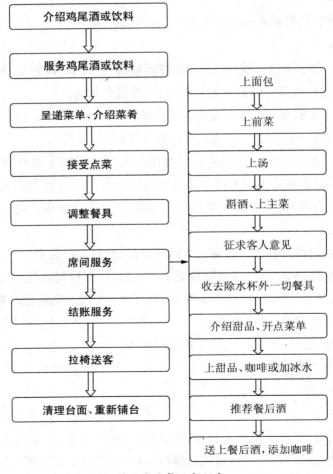

零点午晚餐服务程序

 **小提示**

- 一般咖啡厅的铺台

咖啡厅的铺台通常是将刀叉直接铺放在简易的纸垫上或餐具垫上,较少使用台布。餐台多为小方台或长条台。

- 酒店咖啡厅服务方式

酒店的咖啡厅通常为 24 小时营业,主要为客人提供各式早餐和简便午晚餐、自助餐服务。咖啡厅宾客流动量大,要求服务快捷、简单方便。

 【角色扮演】

模拟练习为客人进行早餐服务。

活动八 扒房服务

扒房的"扒"本是西餐的烹调术语"Grill"。所谓"扒",就是在烤炉上用铁架或煎锅烧烤菜肴的烹调技术,扒房即是专为客人提供此种服务的餐厅。在欧洲的饭店里扒房乃是该饭店最高级的专门提供点菜服务的餐厅。而在中国,扒房却含义较广,不仅提供高级的点菜服务,还提供套餐用餐服务。

一、扒房特点

(一) 环境布置与气氛

扒房在餐厅的环境布置上重点凸显高雅、华丽的气氛,具有典型的欧美的建筑风格餐厅,大都采用法式的装潢与设计。采用大型的吊灯和吸顶灯,一般光亮度可以调节。在开餐过程中,一般灯光调得较低,餐台上点蜡烛,以制造典雅神秘的气氛。餐厅的座位安排比较宽敞舒服,一般安排圈椅和有扶手的椅子;过道宽敞以方便手推车服务。餐具用品则选用高档镀金、镀银。四周有花草盆栽点缀。除此之外,餐厅还需要摆放雕塑和悬挂油画,以烘托气氛。这种环境氛围与法式的菜肴结合,给客人提供了一个完美的感受。

(二) 菜单与酒单特点

1. 扒房主要以供应烧、烤、煎、扒的牛排为主,同时兼顾有冷热头盆、汤类、鱼、海鲜、色拉等菜肴品种。

2. 扒房的菜单、酒水、甜品单一般都单独分开,菜单中的菜肴主要是法式大菜和法国的特色菜。酒水的品种较齐全,应备有世界各地著名的红、白葡萄酒。

3. 扒房的菜单、酒水单的印刷十分精致讲究,常用真皮制封面,装帧精美,以体现餐厅的服务档次。

4. 扒房菜肴的价格一般较高,人均消费通常是咖啡厅的一倍以上。

(三) 背景音乐与现场演出

扒房通常播放古典音乐和世界名曲等背景音乐,除此之外,还聘请具有较高水准的钢琴和小提琴演奏员进行现场的表演。

(四) 有预订、餐前享用鸡尾酒

通常,前来扒房用餐的客人都提前预订,他们喜欢在进行正餐前先在扒房的酒廊里喝杯鸡尾酒,然后再由领位员引领到预订的餐桌,所以扒房的预订顺序较其他餐厅更加完善。

(五) 采用法式服务

扒房多采用法式的手推车服务,许多特色的菜肴都采用客前烹饪的方法进行服务,服务烦琐且时间较长,尤其是正餐,客人边享受美味佳肴,边欣赏优雅的气氛。

二、扒房午晚餐服务程序

(一) 餐前预订

扒房由于客人进餐节奏较慢,用餐时间较长,特别是晚餐。因为在欧美国家,人们通常比较重视晚餐,并把晚餐作为正餐,客人一般用餐的时间在一个半小时到两个小时左右。所以,餐厅餐位的周转率很低,为了避免客人到餐厅没有座位,设置餐前预订,以确保客人到餐厅就有座位。

(二) 餐前准备

1. 餐台布置。

按餐厅规格对餐台进行布置,有预订的台子如果客人已点菜,则应按照菜单内容进行餐具的配备并将餐台铺好,把留座卡放于餐桌上,并准备好各种调味品及服务用具。

2. 开班前会。

通常在餐厅开餐前半小时,由餐厅经理负责:分配任务、介绍当日特色菜以及采用的服务方式、VIP 客人接待注意事项、检查仪表仪容等。

(三) 迎宾服务

客人进餐厅,领位员或餐厅经理向客人问候,说:"晚上好,先生(小姐),请问有预订吗?"领位员或餐厅经理检查预订簿,找出客人预订席位的位置;引领客人到预订的餐桌,拉椅让客人就座,服务时应按女士优先原则,先为女士拉椅,通常将好的座位让给女士或贵宾,如朝向餐厅较好的一边。如果不止一位客人,该服务区域的服务员要上前招呼客人,帮助就座。

（四）餐前服务

扒房通常由领班为客人进行点菜服务,专设一名酒水员为客人提供酒水服务。

1. 鸡尾酒或开胃酒服务。

由领班或服务员将酒单呈递给每位客人,女士优先。并向客人介绍鸡尾酒或开胃酒。领班或酒水员在客人已准备好后,接受客人点鸡尾酒,注意为确保准确性,应重复客人的要求,3人或3人以上的台子要开草单,以防止上错酒水。

为客人开三联酒水单,一联交收银台以备结账;第二联送酒吧领取酒水,第三联,服务员自己备用。

客人入座后,如果不点饮料,服务员要立刻服务冰水,给客人上冰水。

上鸡尾酒或餐前酒。服务员去吧台递单,服务员或酒水员用圆托盘给客人上酒水,根据点菜草单的记录上酒水,为确保准确无误,在给客人上酒水时应轻声报出酒名和鸡尾酒的名称。

2. 点菜服务。

由领班给客人呈递菜单,并能用建议式的方法介绍菜肴,递呈菜单服务时,女士优先。向客人推荐当日特选菜肴,如果有某菜单项目已售完,要告知客人,注意递呈菜单后,要给客人一点时间看菜单。等客人已准备好点菜后,再接受客人的点菜。

点菜服务步骤:首先征询主人是否可以点菜,得到同意后,从女宾开始,最后为主人点菜;向客人推荐菜肴;记录客人点菜内容,客人点牛排要问清需几分熟;重复客人所点的菜式以确保无误;礼貌道谢,收回菜单;送点菜单入厨房。

3. 推销佐餐酒。

领班或酒水员呈递酒单,如果是酒水员给客人点酒,要先了解领班所开点菜单内容,根据客人所点菜式为客人推荐酒水,注意客人如不需要推荐时,可暂时走开,等客人有意向时再为客人点酒。开点酒单,领班或酒水员在开订单后要重复一遍,以免差错。如果客人点了红葡萄酒后要问清立刻就要还是与主菜一起上。如果与主菜一起上,要问清是否需要立即打开让其散发一下香气。桌上地方不够时,可将酒瓶放在边盘上,客人若是点了白葡萄酒,要立刻服务。按点菜单的要求,领班或酒水员开点菜单,并交给服务员。

4. 传递点菜单、调整餐具。

服务员将点菜单厨房联先送入厨房后,再回餐厅为根据客人点菜单所点的菜式配备调整餐具。

5. 佐餐酒服务。

酒水员从酒吧取来酒,白葡萄酒需放在冰桶里加冰冰镇,红葡萄酒放酒篮。向客人展示酒。

6. 面包和黄油服务。

按客人的人数每人一份面包和黄油,另需有一定数量的备份(也有的餐厅则在上汤前或上汤后服务面包和黄油）。

7. 备好烹制车。

服务员将烹制车推至客人的餐桌旁。

(五) 就餐服务

通常由 2 名服务员负责菜肴服务，1 名领班或比较资深的服务员带 1 名服务员助理。由 1 名酒水员进行酒水服务。

菜肴的服务一般都是由厨师在厨房里部分准备好，然后服务员助理放在一只大银盆内送入餐厅放在加热炉上加热，由服务员进行去骨、切割准备调味汁以及配菜。当服务员将客人所挑选的食品自银盆盛入客人的盘内时，服务员助理把客人的盘子放在大银盆之下。上菜时，服务员助理应用右手从客人的右侧送上。

在上第一道菜时，酒水服务员就开始为客人上酒服务。要根据客人的要求，如果客人要求与主菜一起上酒，在上主菜时提供上酒服务，如果已上过要注意为客人添加。

在整个服务中，服务员要灵活机动，随时提供席间服务，其内容如下：撤下空的饮料杯、添加酒和冰水，添加面包和黄油，为离桌的客人拉椅和整理餐巾，客人回座时再帮助拉椅铺好餐巾。

1. 前菜的服务

前菜是用餐前的一道菜，通常人们一说起前菜，就会联想到冷盆，其实，前菜和其他菜肴一样也有热的（在本书第一单元已有介绍），上热前菜要注意不要让它冷掉。如果是鹅肝酱的服务，通常是在厨房事先将鹅肝酱装盘，然后再一起放到冰箱内冷藏，在服务时，由服务员助理将已装盘的鹅肝酱送入餐厅，由服务员从客人的右侧进行服务，鹅肝酱一般附有烤成的小三角形吐司，每人 2 片，吐司要装在面包篮里由服务员助理分派给每个客人。

2. 汤的服务。

服务员助理从厨房取出客人所点的汤，放在小炉上进行加热保温，服务员助理准备好加热的汤盆放在垫盘上，汤盆与垫盘之间需垫上垫纸或叠好的餐巾，以避免烫手。服务员用大银勺将汤盛入汤盘里，服务员助理用右手从客人的右侧送上。

3. 主菜的服务。

如前所述，按国际上法式餐桌服务，在提供主菜前，由餐厅领班在服务车或桌上将菜肴装盛到餐盘中，再由服务员送上餐桌。一般除放在客人左侧的面包和色拉从客人的左侧上菜外，其余的菜肴全部从客人的右侧送上，用过的餐具也从客人右侧撤下。美式餐桌服务则从客人左侧上菜，右侧撤餐具。

主菜送上后，应迅速地为客人提供沙司，沙司一般放在沙司盅内由服务员依次为客人服务。不同的菜肴搭配使用不同的沙司，不同的沙司其采用的服务方式也有所不同。例如：煎烤鱼菜类用鞑靼沙司，面拖鱼菜类（用黄油炸）用文也沙司，扒房使用黄油沙司。鞑靼沙司不直接浇在鱼菜上，液状的黄油沙司将三分之一轻轻浇在鱼菜上，三分之二放在客人餐盘下部靠近盘子边沿的地方。其次沙司不能撒到蔬菜配料上去。

为了烘托餐厅的气氛,在扒房主菜服务时往往采用法式服务。提供客前烹饪服务形式,由餐厅领班和服务员助理配合完成。在服务时要注意,由餐厅服务员助理去厨房取菜,取菜的时间要与燃焰的准备协调好。如果是整形菜肴要为客人提供切割服务,如是整条鱼,要询问客人是否需要出骨。菜肴装盆时顺序是:主菜、蔬菜配料、沙司。要注意配菜放在主菜的上方,酱汁不沾盘边。

4. 色拉服务。

上主菜后应随即从客人的左侧送上色拉。色拉使用何种调味汁要事先征求客人的意见。

当全部客人用完主菜后,服务员助理撤走主菜盘和刀叉并清理台面,用服务巾和面包滚将桌上的面包屑清除干净,征求客人对菜肴是否满意,至少每一桌征询一次。

5. 奶酪和甜品服务。

地道的西餐甜品包括有奶酪、甜点、水果等。一般在上甜品之前先请客人点奶酪。

奶酪服务:服务员将若干个品种的奶酪放在大的浅底盘中用餐车送到餐桌,先请客人观赏,然后请客人自己挑选,将客人所点的奶酪由服务员当场切割装盘并摆位。在切割时注意,不同品种的奶酪不能使用同一把刀。服务时要配胡椒、盐盅。

待客人用完奶酪后,收去所有用过的餐具,胡椒、盐盅等。

展示甜品车或甜品单请客人选择。在提供甜品服务时使用甜品刀叉或甜品勺。一般点菜餐厅铺台时不铺设甜品餐具,在客人点了甜品后再摆上需要的餐具,有些餐厅则在上甜品时餐具放甜品盘内一起上。个别的甜品可以在客人面前进行表演,如:火焰草莓、苏珊特煎饼等。

在服务水果时要为客人提供洗手盅,在提供对虾、鸡块等菜肴时也要准备洗手盅。

6. 咖啡或茶服务。

甜品用完后服务员请客人点咖啡或茶。送上糖盅和奶盅并置于餐桌中间,一般2—3人合用一套。糖盅内放 2 包低糖、4 包咖啡晶糖、6 包白糖;奶盅内倒 1/2 奶。然后准备咖啡或茶具,右手拿咖啡底碟,上放咖啡杯,茶匙平置于咖啡杯前,从客人右侧上放于客人餐位正中位置,用茶壶/咖啡壶为客人倒三分之二满,将壶放于客人右手边,壶口勿对客人,应朝外。

7. 餐后酒服务。

由售酒服务员向客人推荐餐后酒、白兰地或其他烈性酒等。

(六)结账服务

账单必须事先进行核对,检查价格是否正确。做到准确无误。未经客人的示意,不能随便送上账单。结账时,服务员应将账单送给准备付款的客人,将账单夹在收银夹内,只显示出台号,只让付账的客人知道金额。注意在收银夹中应准备签字笔,以提供客人方便签字。

(七) 拉椅送客

当客人起身离座时,服务员应把椅子轻轻向后拉以方便客人离座。提醒客人不要有东西遗忘,同时也帮助检查一边。跟在客人身后礼貌地送客人离开餐厅,再一次对客人表示感谢,欢迎客人再次光临。

(八) 清理台面、重新铺台

当客人离开餐厅时值台员应该开始收拾餐桌为迎接下一位客人做好准备。

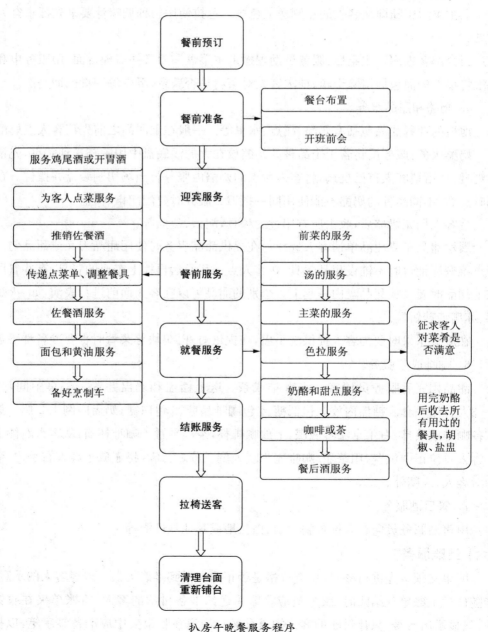

扒房午晚餐服务程序

 **小提示**

扒房通常采用法式服务,在法式服务中:

调味汁和配料可从客人的左侧服务,鲜胡椒必须从客人的右侧服务。从左侧服务调味汁和配料时,服务员一定要右手托调味盅,左手拿勺为客人服务,并要说明汁和配料的名称,询问客人调料放于盘中的位置。

服务鲜胡椒时,应左手握住胡椒磨,右手转动磨的顶部,同时询问客人胡椒的用量。停止服务时,须轻转胡椒磨的顶部,防止胡椒末散落到盘外。

 **小知识**

扒房菜肴的种类大致有以下几种:

1. 菲力牛扒。又称 Tenderloin 即嫩牛里脊(也称牛柳),是牛身上最嫩的肉几乎不带一点肥膘,一般一头牛身上只有 1 公斤这样的里脊肉,由于产量非常少,所以售价是所有牛扒中最昂贵的。
2. 肉眼牛扒。是牛脊骨外侧靠前的肉,中间夹有一块肥膘,在煎烤的时候会有油渗出,所以很香。
3. 西冷牛扒。是牛的外脊肉,外延有一圈呈白色的肉筋,肉质硬而有嚼劲,吃的时候一般连肉带筋一起切下送入嘴里。
4. T 骨牛扒。中间有一块呈 T 字形的牛骨,T 骨的两侧肉一边多一边少,量少的就是菲力牛扒,量多的一边是肉眼,所以 T 骨牛扒的量非常大。
5. 羊扒。一般选用羊身上带骨的外脊肉。
6. 猪扒。一般选用猪的带骨外脊肉。
7. 烤肋排。选用整条的肋骨肉,刷烧烤酱(B. B. Q)烤制而成。
8. 烤鱼排。一般选用体型巨大肉厚无骨的鱼类,比较常见的有:三文鱼、金枪鱼、鳕鱼。

 【角色扮演】

模拟练习为客人进行扒房服务。

测 试 题

一、判断题（下列判断正确的请打"√"，错误的打"×"）：

1. 扒房的服务要求突出简单、方便、快捷的特点。 （　）
2. 呈递菜单给客人看时，可以将封面打开也可以合上，这两种方法都可以。 （　）
3. 在点菜时，为了能尽快地记录客人的点菜信息，可自己选择代用的记号填写点菜单。 （　）
4. 西餐点菜铺台通常需要二次铺台，第一次是在餐厅就餐准备阶段，第二次是在客人点菜以后，根据客人所点的菜进行铺台。 （　）
5. 西餐的上菜应按前菜——汤——副菜——主菜——甜品——咖啡和茶的顺序进行。 （　）
6. 服务员在记录完客人的点菜以后，为了避免差错，应向客人复述一遍所点的菜肴，以便客人确认。 （　）
7. 在西餐中，汤一定是最先食用的。 （　）
8. 面包一般是同主菜一起食用的。 （　）
9. 地道的西餐用餐中，客人是先吃甜品再点奶酪。 （　）

二、单选题

1. 扒房是酒店_____服务的西餐厅。
   A. 最高水准　　　　B. 英式　　　　C. 美式　　　　D. 俄式
2. 呈递菜单给客人点菜时，服务员应_____。
   A. 将菜单放在餐台上　　　　　　B. 双手握住菜单
   C. 握住菜单的下端部分　　　　　D. 握住菜单的上端部分
3. 表面呈褐色，切开后有血水渗出，中间为红色生肉，是_____。
   A. 一成熟　　　　B. 三成熟　　　　C. 五成熟　　　　D. 全熟
4. 以下关于前菜的说法不正确的是_____。
   A. 开胃品　　　　B. 冷菜　　　　C. 开胃菜　　　　D. 头盆
5. 主菜色拉通常_____。
   A. 不配用餐具　　B. 配小刀小叉　　C. 配大刀大叉　　D. 鱼刀鱼叉
6. 地道的西餐在甜品前上的食品是_____。
   A. 奶酪　　　　B. 咖啡　　　　C. 水果　　　　D. 色拉
7. 酒店 24 小时服务的餐厅是_____。
   A. 咖啡厅　　　　B. 西餐厅　　　　C. 扒房　　　　D. 中餐厅

8. 分鱼或虾给客人时,一般是将鱼虾放在餐盘中要注意将_____。

    A. 头正对客人   B. 尾正对客人

    C. 头向客人的左侧   D. 头向客人的右侧

9. 菜肴装盆配菜放在主菜的_____

    A. 右侧   B. 左侧   C. 上方   D. 下方

第六单元

宴会服务

任务与目标

■ 掌握西餐宴会台型布局和服务方式

■ 掌握冷餐会的台型设计、布局和服务方式

■ 掌握鸡尾酒会的布局和服务方式

活动一　西餐宴会餐桌布局

正式西餐宴会的餐桌摆法与一般常规的餐厅不同,多摆放长型餐桌,餐桌的大小和餐桌的排列,应根据宴会的人数,宴会厅形状、大小,宾客的要求而定,通常每位宾客的餐位空间宽度在61~76厘米左右。在布置上有一字形、T字形、U字形或E字形等各种不同的形式。宴会时宾主席位应按照西方礼仪习俗来安排。在餐台上还设置立式或平放式的宾客席位卡。

一、常见西餐宴会餐桌布局的形式

1. 一字形长台(纵式和横式)。

一字形长台通常设在宴会厅的正中央,与宴会厅四周的距离大致相等,但应留有较充分的余地(一般应大于2米),以便于服务员操作。通常,用餐人数较少时,宜采用一字形长台。

2. T字形台。

一般要求长度与宽度接近,不能相差太大,用餐客人人数在15~30人,可采用T字台形。

3. U字形台。

U字形台又称马蹄形台。一般要求横向长度应比竖向长度短一些。用餐客人人数在20~30人,可采用"U"字台形。

4. E字形台。

E字形台的三翼长度应相等,竖向长度应比横向长度长一些。通常在超过60位宾客时选用此台形。

5. 回形台。

回形台又称正方形台,一般设在宴会厅的中央,是一个中空的台形。中央部位可布置花草、冰雕等装饰物。超过36位客人用餐时的台形。

二、西餐宴会的宾主座次安排

西餐习惯男女掺插安排,以女主人为准,主宾在女主人右上方,主宾夫人在男主人右上方。也可以根据宾客的习惯,将主宾夫人与主宾安排在一起。应遵循"高近低远"的原则。

1. 一字形台席位安排:

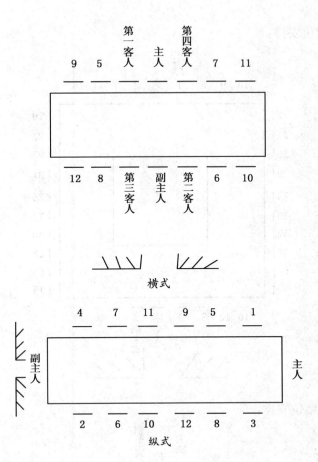

横式

纵式

2. U 字形台席位安排：

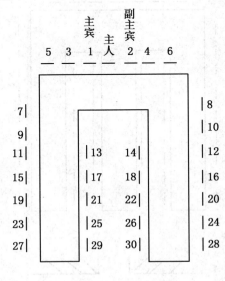

3. 回形台席位安排：

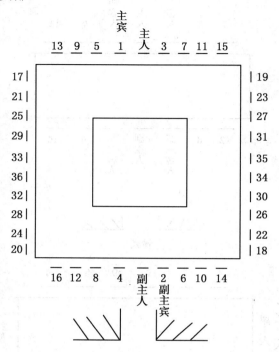

4. E字形台席位安排：

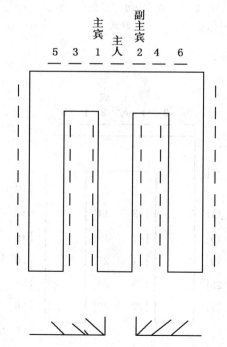

活动二 西餐宴会服务程序

一、宴会开始前准备工作

（一）整理餐厅

根据宴会通知单的要求布置餐厅，摆出台形。要认真做好厅室、过道、楼梯、卫生间、休息室的清洁卫生，认真检查宴会厅、休息室的家具设备，包括灯具、冷暖空调等设备是否完好，如发现问题，要及时修理或调换。按宴会的要求进行陈设、墙设、绿化的装饰布置。

1. 餐桌布置。

西餐通常采用长桌形式（一字形台形）根据就餐的人数和宾客情况以及餐厅的实际面积、设备进行安排，总的要求符合美观实用相结合，左右对称，方便客人出入，方便服务员的服务。

2. 备齐物品。

根据菜单所列出的菜点、饮料等，备齐各种用具，准备宴会铺台餐具。一般西餐宴会每客准备3套餐具，较高档宴会准备5~6套，除备齐每客必用的餐具以外，还要准备一定数量的备用餐具，以防个别宾客在特殊情况下换用，通常备用餐具占总数的十分之一。除此之外，还要领取和配好酒水等物品。

一般西餐宴会厅内要设立一个小酒吧，按菜单的内容准备好鸡尾酒和其他饮料。将需冰镇的酒按时冰镇好，保证各种饮料符合饮用要求。准备好新鲜的面包、面包篮、奶油、酒水等。

在准备间里则备好干净的大小托盘，准备好所需使用的餐盘、底盘，并将咖啡杯进行保温。将冰桶安置好准备妥当，放在餐厅服务区域。准备好红酒篮，并将客人事先点的红酒放入酒篮中。

3. 台面布置。

西餐宴会铺台一般要在台面与台布之间铺设一块毡、绒布，台布一般选用白色。

二、餐前鸡尾酒服务

一般来说，正式的西餐宴会，在宴会开始之前要安排约30分钟左右的简单鸡尾酒会，通常是放在宴会厅门口，为先到的客人提供鸡尾酒会式的酒水服务。由服务员托盘端送各种软饮料、啤酒、鸡尾酒等巡回请客人选用，茶几或小圆桌上备有虾片、干果仁等小吃。当宾客到齐，主人表示可入席时（服务员要注意观察），服务员要立即打开通往餐厅的门，引领宾客入席。

三、席间餐台的服务

服务员为宾客拉椅让座，顺序为女士、重要的宾客、一般宾客。待宾客坐下后，为宾客打开餐巾,然后托着装有各种饮料的托盘,逐一为客人说明名称,待宾客选定后为宾客斟倒。西餐宴会多采用美式服务,有时也采用俄式服务。上菜顺序是:冷前菜、汤、鱼类、副盘、主菜、甜品、水果、咖啡或茶。

(一)服务前菜

当宾客准备用前菜时,服务员应配倒相应的酒水(冷前菜一般配用烈性酒)。

(二)服务汤

上汤时要在汤盘下垫上垫盘,如用双耳汤碗,摆放时则应使双耳成左右平行摆放于客人面前,然后从客人的右侧用右手把汤上到宾客面前。

(三)服务主菜

上主菜(又称大菜)时,通常会搭配几样蔬菜和沙司,此外还带有色拉,盛装主菜用大号餐盘,盛装色拉用生菜盘,此处色拉不用另配刀、叉。主菜上桌前,要为宾客斟倒红葡萄酒,主菜上桌时要跟上沙司。用完主菜后,应将餐桌上的胡椒、盐盅同时收去。

(四)服务奶酪

上奶酪前,服务员必须左手托盘,右手将小餐刀、小餐叉摆放在客人的餐桌位置上。服务的方法:一般由服务员进行分派,先用一只银盘垫上餐巾,摆上几种干酪和一副大刀、叉,另一盘摆上烤面包或苏打饼干,送到宾客的左侧,任宾客自己选用。吃完奶酪上水果之前,应撤下餐桌上除水杯和饮料杯以外的所有餐具、酒具。

(五)服务甜品

上甜品要根据甜品的品种而定,上热甜品,一般用点心匙和中叉(点心叉);如是烩水果则需用茶匙;冰激凌用专用的冰激凌匙放在垫盘内同时上。如果客人此时需举杯祝酒,通常应用香槟酒。斟香槟酒一定要在上甜品或宾客讲话之前全部斟好,以方便客人举杯祝酒。

(六)上水果

水果要摆在水果盘里,需跟上洗手盅和水果刀、叉。

(七)咖啡或茶

在上咖啡或茶之前要先放好糖缸、淡奶壶,如果客人面前还有点心盘,则把咖啡杯具或茶具放在客人右手边;如果点心盘已收去,咖啡杯具或茶具可直接放在客人的面前。斟倒咖啡或茶应站在客人的右侧依次服务。有些高档宴会需推酒水车间送餐后酒和雪茄。

四、宴会结束的服务

当宾客起身离座时,应为其拉椅,检查是否有遗留物品,并送宾客至宴会厅门口。

检查台面是否有未熄灭的烟头;收台时,先收餐巾,后用托盘或手推车收餐具;撤掉台布;记录好宴会完成情况。

 **小知识**

宴会的种类通常有：
按宴会的消费标准划分有一般便宴、中档宴会和高档宴会。
按宴会的规格划分有国宴、正式宴会、普通宴会和家宴。
按宴会的时间划分有午宴、晚宴。
按宴会的进餐形式划分有立餐宴会、坐餐宴会。
按宴请的目的划分有庆祝宴会、欢迎宴会、答谢宴会、祝寿宴会等。
按宴会的餐别划分有中餐宴会、西餐宴会。
按宗教饮食习俗划分有素食宴会、清真宴会。

 小提示

● 台形布置注意事项

1. 在台形布置时，要注意将主台定在明显突出的位置上，如客人有特殊要求，应按照客人的要求定主台位。

2. 除主台外，台的摆放也要注意左右对称，台与台之间要等距，台间距不得小于 2 米，椅子之间的距离不得少于 20 厘米，餐台两边的椅子应对称摆放。

3. 西餐宴会的台形应根据宴会规模、宴会厅形状及宴会主办者的要求灵活设计。

● 宴会服务基本要领

1. 在宴会中所有服务需同步进行，同一种菜单项目需同时上桌，如遇其中一位客人不用某一道菜，仍需等其他客人都用完了这道菜并收去了餐盘后，再和其他客人同时用下一道菜，不可单独提前使用。

2. 主菜的摆放位置应在既定方位，摆放有店标的餐盘时，应将标志放在上面并正对客人。而在盛装食物上桌时，应将主食物放在下面靠近客人这一边，以方便客人食用。

3. 沙司要紧跟菜肴服务。沙司分冷和热，冷沙司一般由服务员准备好，放在服务桌上，待客人需要时服务，而热沙司则由厨房调制好，再由服务员以分菜的方式进行服务。理想的方法是一个服务员上菜肴，另一个服务员随后紧跟着送上沙司。

4. 如客人错用餐刀叉时，在收拾残盘时要将误用的餐具和桌上已不使用的餐具一起收掉，再在下一道菜上桌之前及时将新刀叉补上。

5. 不要在客人的面前刮餐盘。

6. 先斟酒，后上菜。

7. 如客人食用有壳类或需直接用手取食的食物时，应提供洗手盅服务。洗手盅内盛装二分之一的温水，为了去腥通常在水中还加放一片柠檬或几朵菊花。

 【试一试】

叙述西餐宴会的服务程序和服务要点。

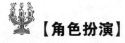【角色扮演】

请你为 60 人的西餐宴会安排台形。

活动三　冷餐会菜台与餐台台形设计

一、菜台的摆放

冷餐会菜台的摆放通常有两种方法，一种是将冷餐会的食品被分类摆放在不同的餐台上，如冷菜台、热菜台、甜品台、烧肉台、现场烹制台、饮料台、酒水台等。

1. 冷菜台专供摆放西餐的开胃菜和中餐的冷盆。

2. 热菜台专供摆放中西菜肴的热菜和中式热点心，为了保持菜肴的温度一般都摆放在下层有固体酒精加热的餐炉上，或是在金属餐盘下用电磁灶加温。

3. 甜品台专供摆放各种中西甜品，大多数冷餐会都会供应冰激凌，所以在甜品区须摆放一个开放式的冰柜，供宾客选择不同口味的冰激凌。

4. 烧肉台提供各种烤制的肉类菜肴，如牛排、牛肉、烤鸭、烤鸡和肉肠等，由厨师根据客人的要求切割成大小不等的片或块分派到客人的餐盘里。在烧肉台前还要根据提供的肉类菜肴的品种供应各种相配的酱汁和配料，由客人自己选择。

5. 现场烹制台专门供应当场烹制的菜肴，如早餐台上的蛋类菜肴；正餐台上的烧烤类如烤虾、烤牛排等；主食类如意大利粉面类或是中式馄饨等，厨师可以根据客人的不同要求将食物烹制成不同的口味和成熟度。还有些冷餐会提供日式生鱼片和寿司，有厨师现场为宾客切生鱼片和捏寿司。

6. 饮料台提供各种软饮料、啤酒和冰块，通常软饮料用长饮杯；啤酒用专用啤酒杯，啤酒须冰冻过所以可以在饮料区放置一个冰柜专门放置啤酒或者将啤酒放在碎冰上（现在有些冷餐会提供 350 ml 小瓶装的啤酒，就直接供应给客人而不再提供啤酒杯）。

7. 酒水台。在冷餐会上一般不提供烈性酒，只提供庆祝用香槟酒、佐餐酒。如果是设座的冷餐会一般就不设酒水台，由服务员根据客人的要求提供不同的酒水。

第二种方法是将菜肴放一个食品台上，分为若干个区域，如冷菜区、热菜区、甜品区、水果区等，再另搭烧肉台、现场烹制台、饮料酒水台等。

以上两种方法通常前者适合大型的冷餐会，对于一般小型的冷餐会则可选择第二种。

二、台形的设计及餐厅布局

（一）大菜台数量及形状

一般冷餐会就餐的人数在 150 人以上，需设置 2 个大菜台和 2 个吧台，如设置 1 个大菜台则应考虑需要准备2组菜肴,以避免由于客人人多而造成拥挤,影响客人的正常取菜速度。大菜台的形状可以是圆形、长方形、U形或是L形,大多数饭店一般都用长桌、半圆桌或是四分之一圆桌、四分之一弧型桌拼放成各种所需的餐台形状,而不会去准备形状各异又不方便储存搬运的餐台。大小要根据客人的多少和餐厅的形状等地理因素来确定客人取菜的走向。

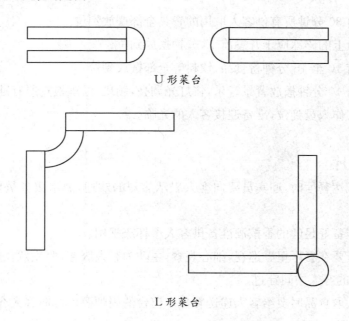

U 形菜台

L 形菜台

(二) 餐厅的布局及要求

冷餐会的餐厅布局要根据客人的要求,通常有不设餐台和设餐台两种。不设餐台的冷餐会餐具摆放在自助餐台上供客人自己取用;设餐台冷餐会餐具布置在餐桌上,摆设餐具有水杯、主菜刀叉、色拉刀叉、汤匙、甜品匙、黄油盆和黄油刀还有餐巾,根据实际情况摆放酒杯。

餐酒具、食物的配备要根据参加人数、食物的种类来进行。

冷餐会的餐厅布置,需明确主题、围绕主题并突出主题。

活动四 冷餐会服务

冷餐会的服务与自助餐厅的服务大致相同,但是不同之处是自助餐厅的客人是先后到来的,而冷餐会的客人是一起到来同时用餐的,所以冷餐会上的服务相对来讲时间比较集中,故而服务需要事先做好充分的准备工作。

一、餐前准备

1. 冷餐会前 2 小时按本次冷餐会设计摆好大菜台、吧台、展示台、发言席、签到台和收餐台，布置好餐桌，铺好台布，围好台裙，还要调试好音响设备和扩音设备、灯光等。

2. 开餐前 1 小时摆好装饰品，如鲜花、水果等。开餐前 10 分钟摆放装饰用的食品雕刻和冰雕。

3. 开餐前 30 分钟所有供客人取用的餐具全部摆放到位。

4. 海鲜台上的碎冰应于开餐前 15 分钟摆放到位。

5. 开餐前 10 至 15 分钟将食品、饮料等全部摆放到位。

6. 开餐前 10 分钟播放背景音乐，将灯光调亮，领班、经理检查所有准备工作。

7. 所有工作人员到位，准备迎接客人的光临。

二、服务程序

1. 客人抵达餐厅时，迎宾员要向客人表示热烈的欢迎，酒水服务员要很快跟上给客人送饮料。

2. 吧台准备好足够的香槟酒准备供客人干杯庆祝用。

3. 服务员要在餐厅里勤巡视，细心观察，主动为客人服务，要注意在巡视过程中不能从正在交谈的客人中间穿过。

4. 当客人取食品时要给客人递送餐盘。值台的厨师要负责向客人介绍推荐菜肴，及时通知厨房添加菜肴。

5. 在整个用餐过程中服务员应该分成两部分，一部分给宾客送酒水饮料，另一部分收拾宾客用过的杯碟。千万不要在给客人送酒水的同时托盘里还有收下来的脏餐盘和杯子，这样既不卫生对客人也非常不礼貌。

6. 冷餐会结束后，厨师负责将剩余的菜肴全部撤回厨房分别处理，服务员及时清理餐台、食品台，将用过的餐具送洗涤间，搞好清洁卫生，恢复餐厅原来的布局和陈设。

 小提示

冷餐会服务过程中需注意如下事项：

1. 服务员要注意公用匙、夹，看到用脏的公用匙和夹要立即更换。

2. 收拾宾客用过的餐具时不要惊动宾客，尤其是要避免与宾客相撞。

3. 要用托盘收拾脏餐盘，不要用手端。

4. 食品台上的菜肴应尽量添满，不要让宾客产生不丰富的感觉。

5. 随时检查食品的温度，保证热食够热，冷食够冷。

6. 宴会进行中，服务员必须坚守自己的岗位勤巡视，严禁闲谈，避免冷落宾客。

 **小知识**

冷餐会是采用自助餐就餐形式的一种宴会。可分为设座和立式两种就餐形式。

冷餐会通常设有大菜台,在开餐前将各种精美菜肴、点心和酒水等分类用十分漂亮的方式摆放在大菜台上准备好。就餐时,客人可以自由选择是站还是坐,自由取用自己喜欢的食品,吃多少取多少。在整个用餐过程中人与人之间的相互交流是十分方便的。高档大型的冷餐会还可设有烤鸭屋、小吃屋、现场烹饪等多样形式。既可自己取食又可由站在菜台后面的厨师为其提供服务,通常客人自己选取开胃菜、色拉和蔬菜,由厨师切肉菜并把切好的肉菜夹给客人,或者由厨师在现场面对客人直接进行菜肴制作等。

冷餐会的菜肴品种繁多,有冷菜、有热菜。目前国内通常流行中西合并的菜肴,菜肴种类一般在60~100种。

冷餐会在布置中往往会使用大量的鲜花或是冰雕,以营造适宜的气氛。

 【角色扮演】

请你为120人冷餐会进行场地布局。

活动五 鸡尾酒会服务

一、鸡尾酒会的形式

1. 鸡尾酒会以酒水为主,略备小吃,不设座椅,仅放小桌或茶几以便宾客随意走动。

2. 举行鸡尾酒会的时间较为灵活,下午、晚上都可。

3. 鸡尾酒会通常准备的酒类品种较多,有鸡尾酒和各种混合饮料和软饮料,一般不用或少用烈性酒。食品多为三明治、小香肠、小糕点、炸春卷等各种小吃,做成能一口吃下的大小,下垫锡纸,宾客可以直接用手取食。

二、鸡尾酒会的准备工作

1. 根据主办人的要求设计布置会场。

2. 准备好小桌,数量视宾客数量而定,一般每15~20人设置一张小桌。小桌上铺好台布,准备好餐巾纸鲜花。

3. 根据酒会通知单备足各类酒品饮料,布置好酒台。

4. 鸡尾酒会开始前10分钟,服务员托着放有酒水的托盘,站在宴会厅入口处,准备欢迎宾客,并送上迎宾酒。

三、鸡尾酒会进行中的服务

(一) 酒品饮料服务

1. 各种酒品饮料由服务员托送,托送酒水时要注意巡视,主动将酒品饮料送给有需要的客人。

2. 当宾主祝酒时,托送酒水一定要及时。

3. 要有专人负责回收空酒杯,以保持桌面清洁,不要边上酒水边收空杯,那样很不卫生。

4. 如果在托送酒水的过程中,客人顺手将用过的空杯放在了托盘上,那要尽快将脏杯送到洗涤间。

5. 鸡尾酒会进行到最后时,一般有冰激凌,这时要集中力量托送冰激凌,同时组织部分服务员回收宾客手中的酒杯。冰激凌必须在酒会结束前 10 分钟上齐。

(二) 小吃服务

1. 在鸡尾酒会开始前 30 分钟把各种干果、小吃摆在餐台上,鸡尾酒会开始后要注意随时补充食物和撤回空盘。

2. 鸡尾酒会开始后,应有专门的服务员用托盘托着食物和饮料在宾客中穿梭,方便宾客取食。

 小知识

鸡尾酒会也是一种自助式的餐饮活动,但鸡尾酒会举办的主要目的是提供一个人与人交流的场合,所以鸡尾酒会上食物不是主角,多以酒水为主。

鸡尾酒会一般不设座椅,仅放小桌或茶几。

举行鸡尾酒会的时间较为灵活,中午、晚上,宴会前都可。

鸡尾酒会通常提供鸡尾酒和各种混合饮料和软饮料,另加小吃。

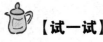 【试一试】

某研究所要为其最新研制的科研产品召开新闻发布会,会后安排鸡尾酒会,招待媒体记者约 70 人,请为他们设计一个鸡尾酒会现场。

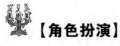【角色扮演】

请你模拟进行鸡尾酒会的服务。

测 试 题

一、判断题(下列判断正确的请打"√",错误的打"×"):

1. 正式的西餐宴会,通常在宴会开始之前要安排 60 分钟左右的简单鸡尾酒会。

    (   )

2. 通常在布置 E 字形餐台台形时,E 形台的三翼长度要相等,横向长度应比竖向长度
   长一些。   (   )

3. 西餐宴会要求等所有宾客都全部吃完一道菜后才可一起撤盘。   (   )

4. 西餐食用冷菜开胃品应配用烈性酒。   (   )

5. 为客人服务汤时要在汤盘下垫上垫盘,并将汤勺放在垫盘上。   (   )

6. 西餐服务要求先上菜,后再斟酒。   (   )

7. 如客人用错餐刀叉时,服务员应及时将正确的刀叉递给客人,这样显示周到
   的服务。   (   )

8. 冷餐会是采用自助餐就餐形式的一种宴会。可分为设座和立式两种就餐模式。

    (   )

9. 冷餐会一般采用美式服务方式,可设大菜台,也可不设大菜台。   (   )

10. 鸡尾酒会一般不设座椅,仅放小桌或茶几。   (   )

二、单选题

1. 通常,西餐服务超过 36 位客人用餐时,宜采用_____台形。
   A. U 字形　　　　　B. 回形　　　　　C. E 字形　　　　　D. 直线形

2. 通常,西餐宴会备用餐具占总数的_____。
   A. 1/4　　　　　B. 1/6　　　　　C. 1/8　　　　　D. 1/10

3. 西餐宴会上菜顺序是:_____。
   A. 汤、冷开胃品、鱼类、副盘、主菜、甜食、水果、咖啡或茶
   B. 冷开胃品、汤、鱼类、副盘、主菜、甜食、咖啡或茶、水果
   C. 冷开胃品、汤、鱼类、副盘、主菜、甜食、水果、咖啡或茶

D. 冷开胃品、汤、鱼类、主菜、副盘、甜食、水果、咖啡或茶

4. 西餐宴会服务中，在吃点心时如客人有祝酒词，此时多用_____。

    A. 红葡萄酒   B. 白葡萄酒   C. 香槟酒   D. 鸡尾酒

5. 如客人食用有壳类或用到手的食物时，应提供洗手盅服务。洗手盅内盛装_____的温水＋柠檬片。

    A. 1/2   B. 2/3   C. 七成满   D. 八成满

6. 冷餐会开餐前_____将食品、饮料等全部摆放到位。

    A. 10～15 分钟   B. 20～30 分钟   C. 30～45 分钟   D. 45～60 分钟

7. 在冷餐会上一般不提供_____。

    A. 香槟酒   B. 白葡萄酒   C. 烈性酒   D. 红葡萄酒

8. 鸡尾酒会以_____为主，略备小吃。

    A. 酒水   B. 三明治   C. 小吃   D. 甜品

9. 鸡尾酒会一般每_____设置一张小桌。

    A. 3～5 人   B. 5～8 人   C. 8～10 人   D. 15～20 人

附录一　菜单酒单

一、零点菜单

Appeartizer　开胃菜

Cocktail Shrimps　虾仁鸡尾色拉	20.00
Asparagus with Curried Orange Mayonnaise and Orange Fillets	
蒸芦笋配咖喱橙味酱	20.00
Sliced Veal with Tuna Sauce　小牛肉配金枪鱼沙司	20.00
Goose Liver Terrier　鹅肝酱	50.00
Hamy Melon Wedges with Parma Ham　密瓜配帕尔玛火腿	20.00
Roast Pumpkin with Chestnut and Gruyere Cheese	
烤芝士南瓜配栗子	20.00

Soup　汤

Cream of Mushroom Soup　奶油蘑菇汤	20.00
Puree of Spinach Soup with Crab Meat　蟹肉菠菜汤	20.00
Pumpkin Soup with Lobster　奶油龙虾南瓜汤	20.00
Chicken Consommé　鸡肉清汤	20.00

Middle dish　中盘

Pan Fried Sole Fillets with Asparagus and Lemon Butter Sauce	
煎龙丽鱼柳配芦笋及柠檬黄油沙司	80.00
Seared Tuna with Green Bean, Olive, Tomato and Egg	
金枪鱼配四季豆、橄榄、及蛋	80.00
Grilled Mixed Seafood with Green Sauce　什锦扒海鲜	80.00
Salmon Cream Grilled　烤奶油三文鱼	80.00
Baked Miso Cod Fish　烤味曾银鳕鱼	80.00

Main Course　主菜

Pork Loin with Apple Sauce　苹果烤猪柳	120.00
Herbs Roasted Lamb Loin　香料烤羊柳	150.00
Lamb Stewed　煨羊肉	120.00
400 g-14 oz Grilled Now York Strip Steak　400 克-14 盎司扒纽约式牛排	150.00
250 g-9 oz Grilled Beef Tenderloin　250 克-9 盎司扒牛柳	180.00
300 g-11 oz Grilled Rib Eye Steak　300 克-11 盎司扒牛眼肉	150.00

Served with Mixed Vegetables Choice of Steak Fries，Mashed Potatoes or Baked Potatoes Choice of Béarnaise Juice

配以什锦蔬菜、薯条、土豆泥或烘土豆,自选蛋黄酱或烧烤汁

Dessert　甜点

Pear Puff Band　蜜梨酥	30.00
Passion Charlotte Cake　洛特热情果蛋糕	30.00
Lime Graham Pie　格蕾厄姆青柠派	30.00
Coffee Tiramisu　提拉米苏	30.00
Ice-cream (Choice of Vanilla，Strawberry，Chocolate)	
冰激凌(香草、草莓、巧克力任选一款)	30.00

二、套餐菜单

A套

Cocktail Shrimps　虾肉鸡尾杯

Cream of Broccoli Soup　奶油西兰花汤

Grilled Tuna Steak on Vegetable Ratatouille

扒三文鱼排(配什锦杂蔬,自选柠檬黄油、罗勒香蒜酱、煮土豆或土豆泥)

Blueberry Cheese Cake　蓝莓芝士蛋糕

B套

Tuscan Bread Salad with Vinegar，Olive Oil，Bocuncini Cheese
托斯卡纳面包色拉配番茄醋汁及芝士
250 g-9 oz Grilled New York Strip Steak (Served with Mixed Vegetables Choice of Steak Fries，Mashed Potatoes or Baked Potatoes Choice of Bé arnaise Juice)
250 克-90 盎司扒纽约式牛排(配以什锦蔬菜、薯条、土豆泥或烘土豆,自选蛋黄酱或烧烤汁)
Chocolate Brownies　巧克力布朗尼

C套

Cream of Mushrooms Soup　奶油蘑菇汤
250 g-9 oz Grilled Beef Tenderloin (Served with Mixed Vegetables Choice of Steak Fries，Mashed Potatoes or Baked Potatoes Choice of Béarnaise Juice)
250 克-9 盎司扒牛柳（配以什锦蔬菜、薯条、土豆泥或烘土豆,自选蛋黄酱或烧烤汁）
Ice-cream (Choice of Vanilla，Strawberry，Chocolate)
冰激凌(香草、草莓、巧克力任选一款)

三、宴会菜单

Goose Liver Terrier　鹅肝酱
Onion Soup　法式洋葱汤
Deep Fried Mixed Seafood　酥炸海鲜
Roasted Pork Tenderloin with Black Coffee Sauce　嫩烤里脊肉配咖啡沙司
Hot golden Raisins Bread Pudding　热葡萄黄油布丁

四、酒单

White Wing　白葡萄酒

Reserve Special Bordeaux '95　波尔多白葡萄酒(产地:波尔多)　　　　500.00

Meursault Perrieres 1er Cru '94　美索一级白葡萄酒（产地：勃根地）　　　750.00

Soave Classico Superiore-MASI '96　梭亚裴特级白葡萄酒（产地：意大利）　600.00

Marques de Caceres Blanc Moelleux '96

卡塞瑞梦露甜白酒（产地：西班牙）　　　　　　　　　　　　　500.00

Red Wing　红葡萄酒

Gevery Chambertin 1er Cru Lavaux St. Jacques '93

齐福夏伯顿-圣雅谷一级红葡萄酒（产地：勃根地）　　　　　　750.00

Chambertin Clos-de-Beze '88-Faiveley

香柏亭特级红葡萄酒（产地：勃根地）　　　　　　　　　　1 800.00

Show Reserve Cab. Sauvignon '94　古堡卡伯纳红葡萄酒（产地：澳大利亚）750.00

Cardinale '91-Kendall Jackson　红衣主教顶级红葡萄酒（产地：美国）　1 500.00

Sparkling Wine　葡萄汽酒

Bollinger Special Curee　伯爵 95 年份香槟（产地：法国香槟地区）　1 000.00

Kurg Rose　库克玫瑰香槟（产地：法国香槟地区）　　　　　　1 200.00

Asti Spumante-Bersano　阿士提汽泡酒（产地：意大利）　　　　800.00

Deinhard Yelo Vin Mousseux　芭乐汽泡酒（产地：德国）　　　600.00

附录二 各单元测试题答案

第一单元 西餐常识

一、判断题

1. √　2. √　3. ×　4. ×　5. √　6. √　7. ×　8. ×　9. √　10. √　11. ×　12. √

二、单选题

1. A　2. B　3. D　4. C　5. C　6. A　7. B　8. D　9. B　10. B　11. D　12. A

第二单元 西餐餐台布置

一、判断题

1. ×　2. √　3. ×　4. √　5. √　6. √　7. ×　8. √　9. √　10. √　11. √　12. ×
13. √　14. √　15. ×

二、单选题

1. B　2. A　3. C　4. C　5. D　6. A　7. D

第三单元 西餐服务方式

一、判断题

1. √　2. ×　3. ×　4. √　5. √　6. ×　7. √

二、单选题

1. C　2. C　3. A　4. A　5. D　6. A　7. A　8. B　9. D

第四单元 西餐酒水服务

一、判断题

1. ×　2. √　3. √　4. √　5. ×　6. ×　7. √　8. ×　9. √　10. √　11. ×　12. √
13. ×　14. √

二、单选题

1. D　2. D　3. B　4. A　5. B　6. D　7. C　8. D　9. B　10. D　11. B　12. B　13. C　14. D

第五单元 零餐服务

一、判断题

1. ×　2. √　3. ×　4. √　5. √　6. √　7. ×　8. ×　9. ×

二、单选题

1. A　2. D　3. B　4. B　5. A　6. D　7. A　8. C　9. C

第六单元 宴会服务

一、判断题

1. ×　2. ×　3. √　4. √　5. ×　6. ×　7. ×　8. √　9. ×　10. √

二、单选题

1. B　2. D　3. C　4. C　5. A　6. A　7. C　8. A　9. D

图书在版编目(CIP)数据

西餐服务/汪蓓静主编. —上海:格致出版社:上海人
民出版社,2009.9(2021.8重印)
(中等职业学校饭店服务与管理教材系列)
ISBN 978 - 7 - 5432 - 1654 - 9

Ⅰ. 西… Ⅱ. 汪… Ⅲ. 西餐-餐厅-商业服务-专业学
校-教材 Ⅳ. F719.3

中国版本图书馆 CIP 数据核字(2009)第 144331 号

责任编辑 郑竹青
美术编辑 路 静
封面插图 钱自成

中等职业学校饭店服务与管理教材系列

西餐服务

汪蓓静 主编

出 版 格致出版社
上海人民出版社
(200001 上海福建中路 193 号)
发 行 上海人民出版社发行中心
印 刷 上海盛通时代印刷有限公司
开 本 787×1092 1/16
印 张 8.5
插 页 1
字 数 162,000
版 次 2010 年 1 月第 1 版
印 次 2021 年 8 月第 6 次印刷
ISBN 978 - 7 - 5432 - 1654 - 9/G · 654
定 价 28.00 元